心智圖閱讀術

全新修訂版

心智圖天后
胡雅茹 著

晨星出版

目次

1 提升閱讀力的基礎知識

2 提升閱讀力的思考工具：心智圖

3 如何有效率的挑對書、看完書

4 練習圖解

5 這種情況，要不要畫成心智圖？

6 拿起一枝筆，就可進行心智圖閱讀術

7 心智圖閱讀術實作練習

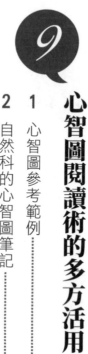

1

提升閱讀力的基礎知識

- 1-1 從「閱讀」開始，練習專注力
- 1-2 「輸入」是為了「輸出」
- 1-3 閱讀理解力的四個層次
- 1-4 閱讀的五個步驟
- 1-5 心智圖幫助你文字化→圖解化→圖像化

1-1 從「閱讀」開始，練習專注力

「我可以看電視、用電腦、玩手機、玩平板……玩好幾個鐘頭，但是只要拿起書來，看沒幾分鐘就看不下去了！」會這樣說的人，他其實從來沒有專心過。

網路、電腦、智慧型手機的使用方式，讓我們容易誤以為自己有能力「一心多用」，實際上，我們只是在不同的工作之間能夠快速切換，並不是真的一心多用。

這種情況的副作用是：養成「連續式」的「局部」注意力，也就是「注意力持續的時間越來越短暫」，造成閱讀書本時，無法長時間專注，看沒幾行字就腦袋放空。撇除醫生確診的過動症者，這種現象在幼稚園就開始使用３Ｃ產品、或是每天長時間使用３Ｃ產品的人身上最為明顯。

大家思考看看：不專心，怎麼能從眾多的資訊中「抓得到重點、學得到知識和智慧」呢？

讀書讀不下去、長篇論談聽不完、抓不到重點的現代人，應該從頭開始，回到最基本的「閱讀方式」，重新培養自己將書本讀完的專注力。

1-2 「輸入」是為了「輸出」

1. 閱讀是輸入，運用、表達是輸出

閱讀是將資訊讀進腦子裡，就是「輸入」；說話、寫筆記、繪製心智圖、考試……，是將理解的資訊透過各種方式表達出來，就是「輸出」。

如果光看書卻不整理，就是只有「輸入」沒有「輸出」，這是理解效果比較差的方式。成人雖然不考試，但可以利用聊天、寫筆記、繪製心智圖的方式來輸出，訓練記憶力和腦力。當你能用自己的方式表達出書中或對談中的關鍵和重要概念，還能讓他人明白，這就表示你真的理解內容、腦力有所提升進步了。

有些人認為看過文章就可算是已經理解了，實際上他卻是一種似懂非懂的狀態，只是了解文字表面的意思。真正講述閱讀心得時，只會在腦中不斷地搜尋作者所使用的文句，沒有辦法抓出作者想要表達的幾項大重點，或無法用自己習慣使用的用字遣詞、自己的描述方式，把文章重點說出來。

也有些人說自己看過文章後，內容很快就都忘了，但一聽到別人講起相關內容，才會

想起自己曾經讀過的文章。這種情況多半是因為不懂得抓出文章所要表達的重點所致。

2. 掌握文章涵義，並進行運用，才是閱讀的精髓

閱讀不是要讓我們認識字、懂得字義而已。很多人對閱讀的認識只停留在學校考試階段，誤以為把文章背下來，直接引用作者的內容才算是閱讀。其實，這樣只是像影印機一樣地複誦文字而已，並非做到理解。

別忘了閱讀是要了解作者的想法，並把作者的想法跟自身的生活經驗結合在一起，然後在自己的生活中去實踐或是運用。

3. 擅於閱讀的人，就是能以閱讀來加值自己並活得更美好的人

能順遂的在這個年代生活得美好，必須得成為一個終身學習者。終身學習者絕對是自主行動的人，他會不停地去發現問題、分析問題、解決問題，透過這三個過程不斷地磨練自己的系統性思考與批判性思考的能力，不間斷地在做中學與學中做之間交錯，逐漸提升思考「如何思考」的能力。

擅長閱讀的人都是自主行動的人，自主行動的人卻不一定是擅於閱讀的人，終身學習的過程中，CP值（性價比）最高的方式就是透過閱讀。

透過閱讀，我們不須行萬里路也能體悟與感悟天下事，我們能向各地各界的專業者借力使力，多方嘗試多元知能，讓想法與做法更富有適應社會變遷的彈性，進而更有效能地解決生活問題、生命問題，邁向更健全的自我觀、價值觀、人生觀、生命觀。

所以，擅於閱讀的人就是能以閱讀來加值自己並活得更美好的人，是擅於活用生命長度與寬度的人。

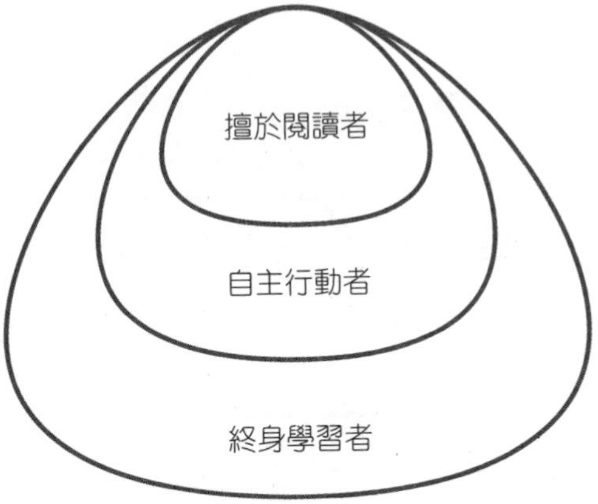

▲ **擅於閱讀者，必是自主行動者，必是終身學習者**

1-3 閱讀理解力的四個層次

1. 輸入階段：掌握第一、第二個層次

⊙第一個層次：閱讀完文章後，能掌握這些關鍵要素：5W2H（who、what、when、where、why、how、how many/how much），也就是人、事、時、地、物、因果、數量／成本。

⊙第二個層次：掌握重點間的邏輯關係。

第一、第二個層次，是小學階段所注重的理解層次。透過閱讀技巧分析出「作者講什麼？」「怎麼講？」也是很多考試出題的最基本層次。

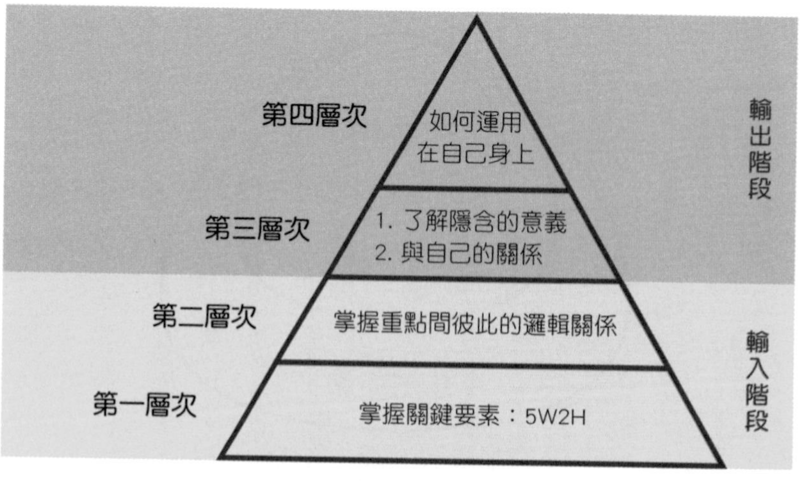

▲ 閱讀理解力的四個層次

我常說「輸入」是為了「輸出」。成年人花時間去讀了很多文章，卻不自行思考怎麼運用出來，不僅浪費閱讀時間，也是縱容自己停留在小學階段的理解力，這樣是一個不負責任的成人閱讀者。

2. 輸出階段：思考第三、第四個層次

⊙第三個層次：了解隱含的意義、了解閱讀內容與自己的關係。

⊙第四個層次：如何運用在自己身上。

第三、第四個層次，牽涉到自己的背景知識有多少。透過閱讀後的分享，參加一個大家水準都差不多，整體水準又比你好一點的讀書會將很有幫助。大家共同進行**批判性思考**，可以刺激彼此思考的深度。

想要達到第四個層次，基本上還是要靠自己摸索，透過自身的背景知識，把作者的文字，用各種不同角度去分析、解構、再組合，並找出運用在生活中的方式。

1-4 閱讀的五個步驟

閱讀的過程，可拆解成五個步驟。

第一步，閱讀文章，知道作者正在說什麼。這時大腦思考深度是最淺的。

第二步，找出關鍵字詞，也就是抓重點。

第三步，分辨主要重點與次要重點。在所有抓出來的重點中，能分辨出哪些重點是相對地更重要一些，這時會動用更多的邏輯力。

第四步，圖解關鍵字彼此間的關聯性。我們大概在國中階段，就已經發展出較完整的圖解能力了。

第五步，結合圖像記憶術。圖解是圖像的一部分，圖像動用到的思考深度是最深的，換言之，圖像思考會磨練大腦的思考深度。

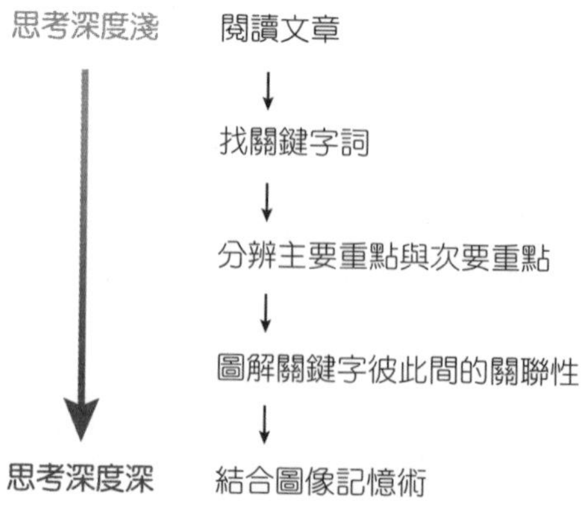

▲ 閱讀的五個步驟

擅於閱讀的人，在閱讀中逐漸累積出抽象與具象思考的思考能力、運用文字與符號的溝通能力。

1-5 心智圖幫助你文字化↓圖解化↓圖像化

在不識字的階段，家長透過繪本，用具體故事讓我們理解抽象觀念，一張圖勝過千言萬語，一張圖就能讓家長說出大量內容。這時是**具象的圖像↓抽象**。

既然一張圖就能代表大量文字，為何我們識字後卻完全拋棄圖像，只會不斷地將文字輸入腦中呢？

為何不在閱讀文字後將文字圖解化，甚至圖像化，以圖像方式輸入腦中呢？

既然從**文字化↓圖解化↓圖像化**，思考深度越來越深，為什麼我們要捨棄思考深度較深的方式呢？

不管你的答案是什麼，就從現在開始運用心智圖就對了！因為心智圖是**文字化、圖解化、圖像化的三合一的思考工具**。

上大學之前的我一直以為自己不擅於閱讀，上大學後我才知道自己被死記硬背的考試模式給誤導了。後來透過心智圖的心法與工法，我更快地察覺與擺脫閱讀上的不良觀念與習慣，這才讓自己的閱讀能力有長足的進步。只要照著本書說明一步步地親自繪製心智圖，你一定會比我更快提升閱讀能力。

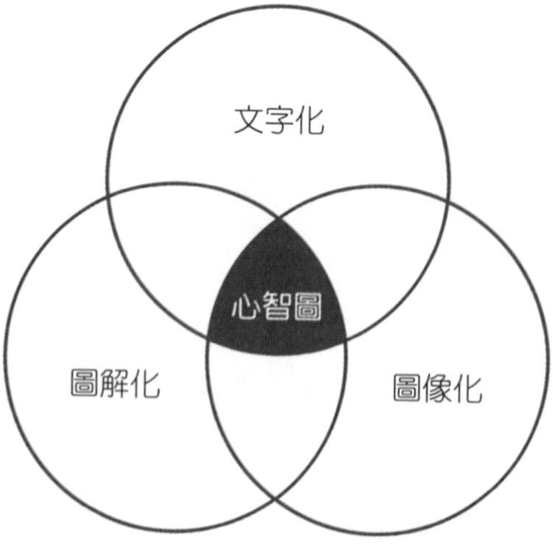

▲ **心智圖是文字化、圖解化、圖像化的三合一的思考工具**

2

提升閱讀力的思考工具：心智圖

2-1 心智圖閱讀術是什麼？

一九七〇年代英國人Tony Buzan發明出心智圖mind map❶後，多年來廣受企業界與教育界的使用。心智圖是一種**思考工具**，利用**線條**呈現兩個**關鍵字詞**間的**邏輯**關係，加上**色彩**或**圖像**可加深記憶效果，是將**思考可視化**，最終可產出**圖像化筆記**。

心智圖的運用領域廣泛，常見的心智圖有四大類型：

1. **整理型心智圖**：從有到有。用於提示用筆記、心得筆記、行事曆規劃、聽講筆記。
2. **創造型心智圖**：從無到有。用於腦力激盪、企劃規劃、目標設定。
3. **溝通型心智圖**：從無到無。用於自我介紹、會議記錄、會議討論。
4. **提示型心智圖**：從有到無。用於演講題綱、作文提綱。

❶ Tony Buzan 擁有的註冊商標是 Mind Mapping®（心智圖法）、Mind Map®（心智圖）。

依使用目的性，可分為「整理型心智圖」與「創造型心智圖」。

依資料來源的取得方式，可分為「溝通型心智圖」與「提示型心智圖」。

依溝通對象不同，可分為「給自己看的心智圖」或「給別人看的心智圖」。

閱讀，不只是閱讀實體的書本才叫閱讀，看一部電影、開一場會議、跟客戶聊天，各種資訊的吸收，都能廣義地稱為**閱讀或輸入**。**「心智圖閱讀術」是結合閱讀技術的心智圖思考法，著重在整理型心**智圖，可運用在計算題以外各種形式的閱讀上。

心智圖閱讀術是能幫助我們在生活中進行重點整理、建立關鍵字邏輯、歸納並加強記憶而存在的技術。

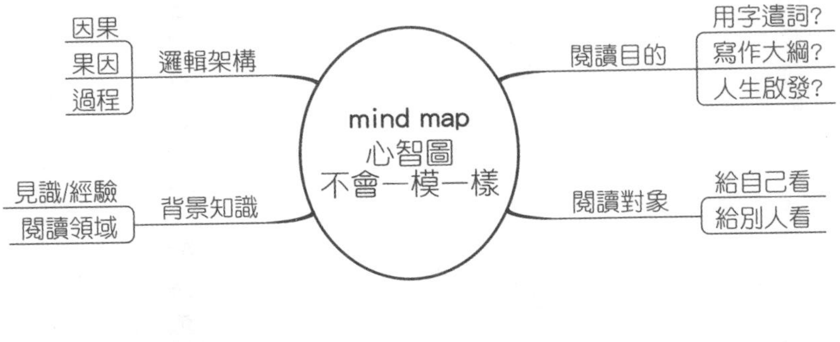

▲ 每個人的心智圖不可能會一模一樣

請記住一點，因為每個人的**閱讀目的**、**背景知識**、**(慣用的)邏輯架構**略有不同，所以**每個人畫出來的心智圖都會不同**。每個人在閱讀後，最終完成的心智圖，都是獨一無二、只屬於自己的。

只要符合我們的繪圖目的性，能用最少的文字來幫我們表達最多的內容，就是最好的心智圖。（字越少越好，圖越多越好）

2-2 心智圖可增強五種閱讀力

閱讀→抓到重點、理解重點關鍵字之間的邏輯關係→再將之圖解繪製成心智圖→透過複習心智圖，加強知識的吸收和記憶。

心智圖閱讀術是一種循序漸進的思考技術，能增進以下五種閱讀能力：

1. 檢索：閱讀時，擁有用正確關鍵字搜尋重點並進行閱讀的尋讀能力、儘管快速瀏覽也能找出正確關鍵字的抓重點能力。

2. 刪選：時間緊迫需快速吸收時，擁有略讀、跳讀的能力；有時間慢慢吸收思考時，也有耐心和理解力去精讀書籍。

3. 排序：有很多書籍需要閱讀的時候，能依據閱讀目的來挑選書籍與決定書籍的閱讀次序。

4. 分析：透過閱讀，擁有分析力、能進行批判性思考（能評論文章內容的不足之處，給予具體可行的建議、判斷出內容的可取之處）。

5. 創新：透過閱讀，能夠創造出新的知識，進一步有能力指導、教導他人知識和技巧。

透過心智圖閱讀術建立起五大閱讀能力，讓你能抓對重點、建立邏輯思考力、加強記憶力及腦力，並能將思考技術運用在生活上，產生實質幫助。

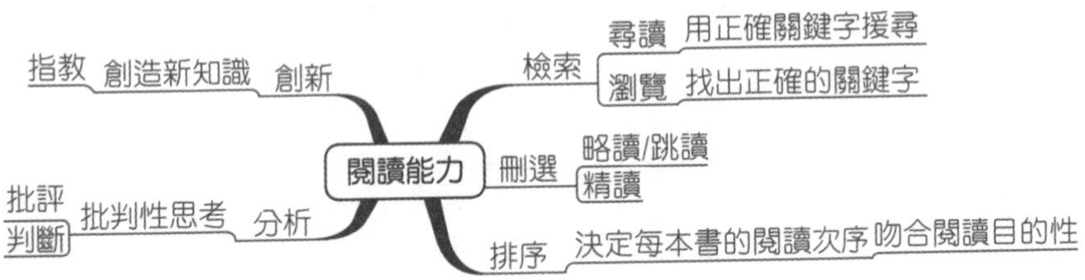

▲ **透過心智圖閱讀術，建立五種閱讀能力**

2-3 四種表現型態的心智圖筆記

心智圖的呈現樣貌，可分為以下四種類型：

1. 基本文字型心智圖：以純文字的關鍵字詞來呈現

透過線條把關鍵字連結起來，整個畫面本身就是圖像。線條是用來表示各關鍵字詞彼此間的邏輯關係，常手繪心智圖可以增強理解、記憶能力。

2. 插圖型心智圖：以多數人都能共通理解的插圖，畫出人、事、物真實的樣子

插圖是我們在幼稚園時就開始嘗試畫出來的圖像，例如提到音樂就畫個音符代表。因為圖像比文字還容易記得久、記得牢，而且有插圖的心智圖看起來也比較有趣。但心智圖初學者很容易因害怕畫出來的插圖不夠美觀，而拒絕畫插圖，這是很可惜的。因為圖像能力必須透過不斷地畫，才能逐漸精熟。

3. 圖解型心智圖：除了關鍵字詞，再融入其他圖解的圖型

4. 圖像記憶型心智圖：將關鍵字詞轉換成可以幫助記憶的圖像，讓圖像代替文字部分的邏輯關係

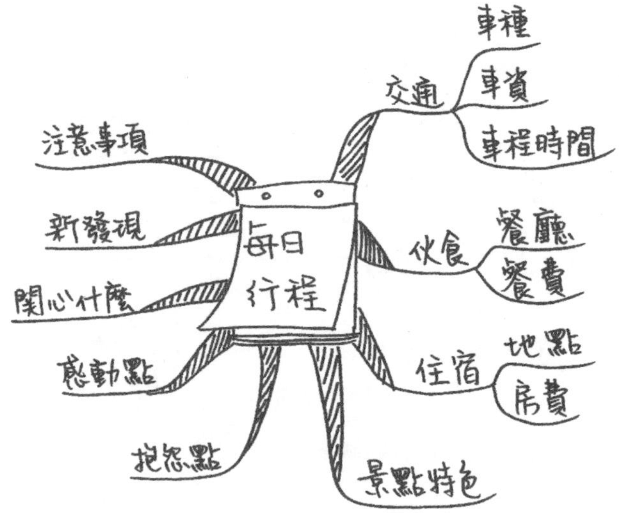

▲ 基本文字型心智圖

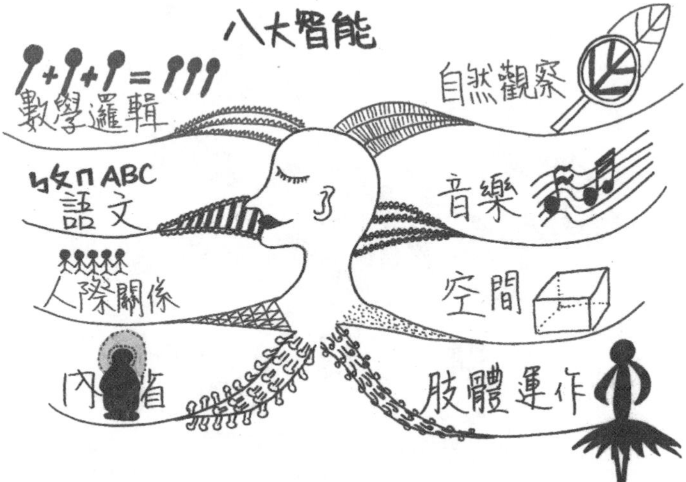

▲ 插圖型心智圖

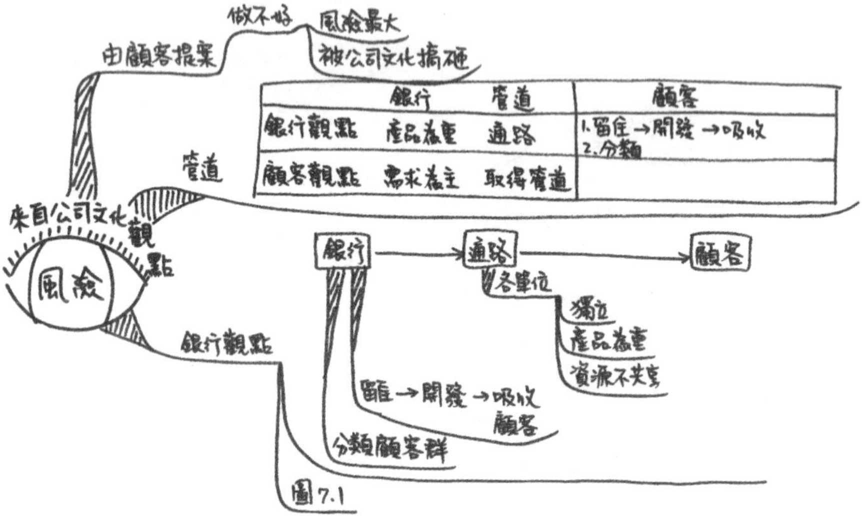

▲ 圖解型心智圖

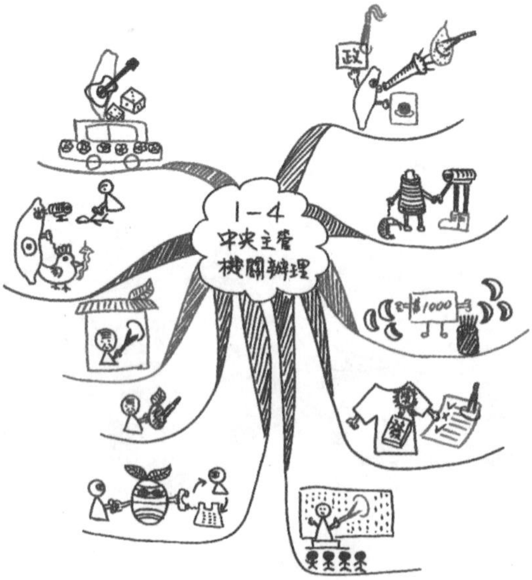

▲ 圖像記憶型心智圖

2-4 畫心智圖時的使用物件

1. 紙張

空白紙張一張，底圖不要有任何線條或是方格，就是純白的紙。Ａ４尺寸在使用上、收納上最為方便。

2. 筆

能有三種顏色以上最好。盡量選擇色彩濃烈的顏色，不要使用淺色系、淡色系。一般原子筆的黑、藍、紅、綠，其實就夠用了。

3. 心智圖軟體

我本身不銷售任何心智圖軟體，而各家心智圖軟體的功能與售價也幾乎是年年更換、調整。今年我心中的優選是Ａ軟體，明年可能就是Ｃ軟體了。

現在的心智圖軟體公司皆傾向於月租收費，建議不要只聽說哪一家的心智圖軟體好用，就不再繼續嘗試別家的軟體，否則可能會錯失最適合你的心智圖軟體。也別依照心智圖軟體的費用高低來選擇，畢竟軟體功能一定會年年調整，價錢不是最好的評估依據。盡量去試用各家心智圖軟體一陣子後，再根據你的使用情況來決定要付費買哪一家。

很多新推出的心智圖軟體，都會讓大家先免費使用，過一兩年後再開始收費，大家也可以同時使用多家免費的心智圖軟體，依據實際使用情況，在不同需求下使用不同的軟體，也是一項選擇。

至於閱讀時要手繪心智圖還是使用心智圖軟體？我會用以下項目進行評估：

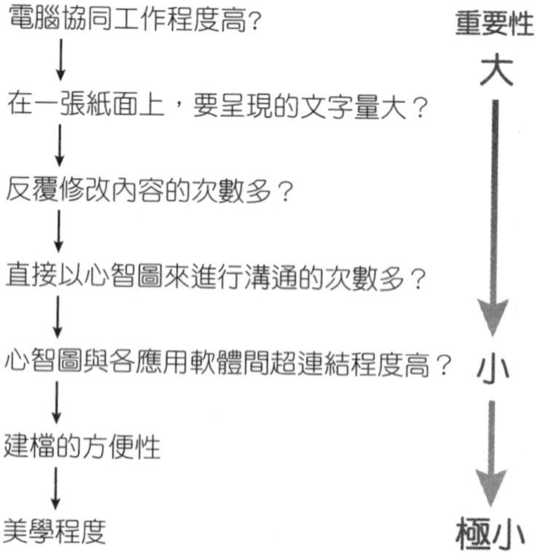

▲ 是否採用心智圖軟體的評估要素

2-5 心智圖的繪製規則

在Tony Buzan過世前幾年，曾公開表示他已經修改了一些心智圖的繪製規則，好讓心智圖更能協助大腦思考。越吻合下列規則，對思考的流暢度越高喔！

1. 紙張橫放。

2. 在紙張的中央處寫上主題：主題必須是涵蓋全文意義的文字或圖像，以圖像為最佳。

3. 整體構圖呈現放射狀，以常用且容易閱讀的順時針方向繪製：放射狀的排列方式，較易刺激水平思考能力（舉一反三的思考力）。先順時針從右上角↓右下角↓左下角↓左上角。

4. 由中央主題處延伸出分支：線條要由粗到細，每一條脈絡的線條要連續不中斷。同一條脈絡從頭到尾都用同一種顏色❷。

---

❷雖然書上的心智圖只有藍色，但實際自己畫時，一定要注意正確的用色原則喔！

5. 關鍵字詞或圖像放在線條上方，不要在線段的後方或下方：字詞長度＝線段長度，一個線段上方只放一個關鍵字詞或圖像。圖像可以是插圖、圖解，或圖像記憶術的圖像。

6. 只能寫上關鍵字詞：不能寫上一句話或是一段話，而且不要把關鍵字詞圈起來、框起來。

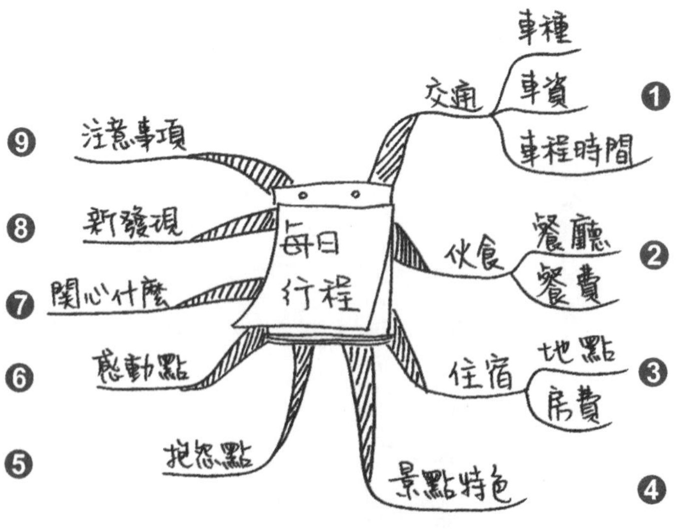

▲ 以順時針方式繪製

2-6 心智圖的繪製邏輯

1. 越重要的關鍵字詞離主題越近，越次要的離主題越遠。

2. 意義涵蓋範圍越大的關鍵字詞離主題越近，越瑣碎的細節離主題越遠。

3. 在同一條脈絡中，後面的關鍵字詞是用來補充說明前面的。

2-7 心智圖的注意事項

1. 如果目標是提升記憶，效果由好至壞依序為：畫上關鍵圖像↓手寫關鍵字↓打字輸入關鍵字。

2. 一個中文字就足以表示出一長串的意義，所以中文比英文更容易濃縮成關鍵字詞。中文的關鍵字詞（專有名詞除外）一般來說不超過四～五個字，英文則只能寫上單字或是片語。

3. 同一條脈絡中，兩個關鍵字詞的擺放位置若是**「前後」**，表示這兩個關鍵字詞是具有絕對的**因果關係**或是絕對的**順序關係**（又稱垂直思考、邏輯思考、串聯關係）；若兩個關鍵字詞的擺放位置是**「上下」**，表示**並聯關係**（又稱水平思考）。

4. 為求畫面清晰、好閱讀、好記憶，線條儘量朝同方向放射狀延伸出去，別一會兒向左彎，一會兒向右彎。
5. 顏色可提升76％的記憶效果，手邊若只有一種顏色的筆，則要將每一條脈略劃分清楚，不要過於靠近、擠在一起，避免回憶時產生混淆。
6. 可將一些代表性的符號意義固定下來，用以取代文字、縮減文字量，例如「↓」代表越來越小。但要注意編製符號的邏輯是否一致，避免以後連自己都忘記或看不懂。
7. 閱讀之後所繪出的心智圖，能用最少的文字來幫你回憶起最多的內容，對你來說就是最好的心智圖。

2-8 心智圖的常見錯誤作法

1. 所有的字都先寫好，然後像玩連連看一樣，再把所有的線都畫完

剛開始版面總是控制不好，這是正常的。若用這個方法去畫，就難以訓練出一次畫出整齊版面的能力。而且字詞量多一點時，很容易不小心就連錯了關鍵字。

2. 用鉛筆打草稿

這樣不太好，因為你得重複畫兩次才能完成一張心智圖，這種動作太浪費繪製時間了。其實初學者只要用色筆直接畫，大概畫個二十張左右，就能建立出一次就畫得很整齊的能力。

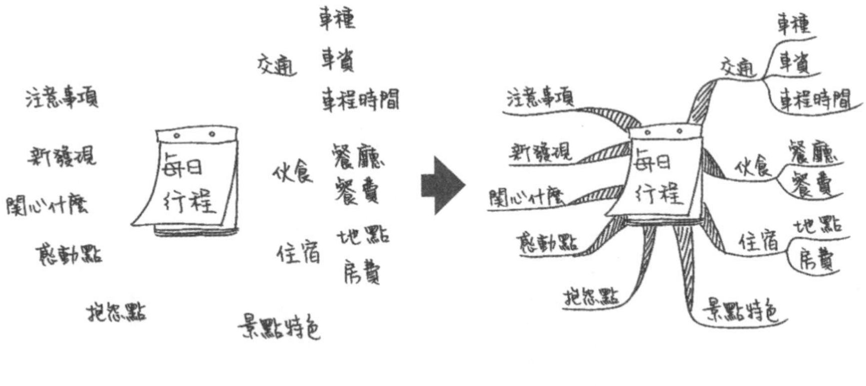

▲ 錯誤畫法：所有字都寫好，再畫線連起來

3.用單色原子筆寫字，用各種顏色的色筆畫線條

畫心智圖時，若因為色筆太粗，必須用較細的原子筆寫字時，儘量找顏色跟色筆一樣的原子筆來使用，否則脈絡會看起來很明顯、文字存在感卻很淡薄，相形之下，就容易淡忘文字。如果文字量再多一些，整個版面色塊會變得很雜亂，就更不容易閱讀了。

4.用「人、事、時、地、物、因、果、成本」當主脈

如果你是文學的研究者，想要就文章中的人、事、時、地、物、因、果、成本逐一分析，用5W2H來當主脈，這種作法是對的。

除文學研究之外，具備故事性質的文章類型只能用5W2H這幾種思考角度來「挑選重點」，然後用作者敘述的順序或事件發生的時間序為主脈，把該事件內的各種人、事、時、地、物、因、果、成本都整理在同一條脈中，這樣才能看出作者的寫作結構（即作者的敘事結構）。

正確的「5W2H抓重點」方法，請參見1-3節第14頁。

2-9 學習心智圖的三個階段

1. 見山是山

初學心智圖時，try & error 嘗試錯誤的過程是很必要的。千萬別妄想有捷徑或是標準規範讓你照抄就好，也別妄想找出心智圖的套用公式。

或多或少，我們都具有「工程師腦袋」，最喜歡把事情SOP化（標準作業流程化）或是模組化，最好直接套用就可以了。想用管理生產線的方式來管理腦中思想，這是屬於工匠階段，技術雖好，但缺少了個人的生命力與靈活性。

2. 見山不是山

這時所繪出的心智圖是極為精簡的，你能看著少量文字，而講出一長篇內容，或用最簡單的圖示，把各種邏輯關係表達清楚。若是畫家，這個階段已自創畫法；若是習武之人，這個階段已創新武功。你的心智圖融合技術與創意，展現出個人的絕妙巧思。

3.見山又是山

同樣的題材內容，能依據溝通對象、使用目的性、資料來源的取得方式，畫出不一樣的心智圖。這是個能自由掌握、理解他人所需，並適時展現個人技能的大師階段。

3

如何有效率的挑對書、看完書

3-1 確認閱讀目的

當你閱讀時，你的心中是想要……

⊙解決手上的問題？

⊙好奇想知道還有什麼不同的新方法？

⊙純屬個人對該主題的好奇？

⊙因為要做該主題的研究與報告？

⊙只想看本書打發時間？

1.「吸收大於運用」的階段

中小學生在校閱讀是為了快速認識世界各種名詞與專有名詞（這些都可歸為**基本知識**）。基本知識是由編教科書的人決定的。這個階段就像是學走路需要依賴大人牽著一樣，要由老師帶領、引導、討論，屬於「吸收大於運用」的階段。

2.「為了運用而吸收」的階段

大學生在校學習，閱讀是為了預先了解內容，才更能理解老師的講課；或是課後蒐集資料來補充老師上課未能說明清楚的部分；或為了解決自己的困惑而閱讀。這階段是屬於「為了運用而吸收」，也是「主動式吸收」，是為了累積某個專業領域的**背景知識**。

若中小學時具備正確學習心態者，便能在校觀察出老師的閱讀技巧，進入大學後就能健步如飛地享受閱讀。若學習心態不良而養成依賴的習慣，等待別人整理好的筆記或閱讀心得，進入大學後影印同學整理好的筆記或是上網抄襲他人想法，看似讀過很多書，其實什麼也沒讀過，這些人就仍處於「被動式吸收」。這種學習心態不正確的大學生，他們只知道「學習是為了考試」。

3.「為了解決生活問題而吸收」的階段

離開學校後是「為了解決生活問題而閱讀」，亦是「主動式吸收」。生活問題包括工作、情感、健康、財務、美感、尋找樂趣等，只要「你覺得」某本書可以幫你解決問題，不用管這本書是否為得獎作品、名人所著、暢銷書，你都可以去讀。

3-2 蒐集閱讀清單

我以前會到書店東翻西看來打發時間，常會找到純屬好奇的書，但是真的拿起來翻翻看，也覺得並沒有真的想看。這種挑書方式太浪費時間了。

從書店排行榜可以了解大眾的喜好，不過不一定要跟隨流行。如果該領域是你本來就有興趣的，可以參考一下。若是你本來就沒有興趣的領域，就別浪費時間在趕流行上。

1. 感興趣的書單

現在我平時就會蒐集一些書目，不管是朋友或網友推薦、雜誌推薦、折口上的新書推薦、書本後面的推薦書目、書本中的參考書目，只要感到有興趣的就列入書單中。這是一種很節省時間的挑書方法。

2. 吻合目的的書單

每隔一段時間，我就會根據當時所確定的閱讀目的，從上述的興趣清單中挑選書籍，開始草擬閱讀清單。清單上要列出基本項目包括：書籍全名、作者、出版社。

了解一下你常去的書店中店員是怎麼搜尋一本書的，就依照那樣的歸位系統來填寫清單內容，例如某些書店會按照ＩＳＢＮ碼來建立搜尋系統，有些按照系列叢書編號順序來擺放，有些以出版社分類，有些以書籍類別來區分。現在書籍走向越來越多元，所以越來越難歸類，於是有些書店直接依據版權頁上所寫的類別來歸類。記錄下這些資料，會讓書店找書比較快。

清單上不一定要寫出版年分，因為有些書會有再版、修訂版、增訂版，能看越新的版本越好，才不會看到過時的內容。

3. 初步調整書單

我會先在網路書店以主題關鍵字進行搜尋，一一瀏覽相關的書名及其大綱後，對書單進行初步調整。

在網路書店中的試讀本，一般都是提供書籍的前面幾個篇章，我一定會看完所有內容，再看一下網路書店自動推送過來的相關書籍大綱與試讀本，廣泛進行比較。

3-3 實際試讀

若手上有書目清單，我就會直接詢問櫃台有沒有這幾本書？書在哪裡？走到那架書櫃前，也順手翻翻同類型的書籍，比較一下哪些書所涵蓋的範疇與著墨點，更加能滿足我目前的需求。

3-4 確認是否需要進一步閱讀，才不會買了卻遲遲不看

不管是試閱完網路書店的試讀本，或是到實體書店翻閱，**翻閱時必須確認眼前的這本書是否吻合我的閱讀目的？符合我的知識水準？對我來說容易閱讀嗎？**

我們經常買了書又不看，正是上述這三點才導致不想去翻閱那本書。為了避免買了書又不看的結果，買書前我會再三確認清楚上述這三點。

3-5 買書是為了擴大心智

在實體書店中翻閱，可以比在網路書店上得到更多的判斷資訊，比較不會買到不適合自己的書，或是買了書又不想看。我會依下列順序去翻閱一本書，再決定要不要買回家：

1. 作者的背景介紹

可以看出作者在這個領域有多專業。根據我自己持續多年的觀察，若作者沒有在相關領域五年以上的實務經驗，或是作者本身的專業在A領域、卻寫出B領域的書，大概書中多數內容會是複製別人的說法，而非作者自己實際驗證後的關鍵訣竅。我個人稱這類的書籍為「拼裝書」，通常文字用語相當平易近人、淺薄易懂、內容則是東拼西湊來的。

我曾在某知名小說家的育兒書中，發現我第一本書《超

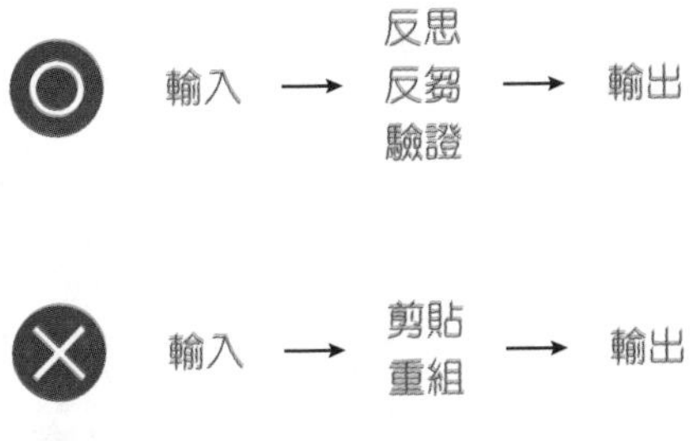

▲ 閱讀是輸入，寫筆記是輸出，把筆記整理成一本書是更費心力的輸出

強學習力訓練法》的論點被複製，只改寫了舉例的部分。基本上我不會買這類作者的書，因為無法判斷作者寫的內容到底是不是第一手資料，也無法判斷作者寫書時是否刪掉了什麼關鍵要點。

現在的拼裝書現象，通常會先從網路開始著手製作拼裝課程，我個人稱之為「課程內容搬運工」。這一類的人會先去上各種課程，把別人的講課內容直接截取、精簡，將原創者改成自己的名字放在私密群組中販售。這些人最終還是會成為作者，然後再以作者的名號行走於網路世界、書籍市場。

拼裝書、拼裝課程，就像是重組肉（組合肉）一樣，不僅多數精華流失，更會加入了拼裝者的錯誤理解。

部分拼裝書作者、課程內容搬運者不僅樂衷此道，還以此道為傲，開始收費指導如何剽竊他人內容來進行「偽原創」。我也不看這些人的網路文章、著作和課程宣傳文，以避免助長劣幣驅逐良幣的風氣。

2. 作者序

有些作者會說明本書的撰寫角度，看看作者的切入角度是不是跟自己想要的一致。

3. 推薦序

可看出推薦者個人的感動點，有時推薦者還會整理該書的重點摘要呢！

4. 目錄

可了解本書的撰寫範疇。

5. 章節試讀

先挑一個最感興趣的章節，然後直接翻到該章節，看看作者的寫作筆法或是翻譯的文筆好不好。

偶爾會有成人學生問我：「為什麼讀中文作者寫的書就還好，但讀翻譯書就很難懂？我是不是理解力有問題呢？」其實，有時我們讀不懂的原因，是因為書籍翻譯得不夠精準，沒有把外文的思考語法順利轉換成中文的思考語法。基本上翻譯者必須外文好，中文也要好，才能翻譯得適得其所、恰到好處。

若遇到翻譯品質不佳的書，內容又是我所缺乏相關背景知識的領域，我就會把該書列為第二順位，先去看內容淺白易懂的「拼裝書」來建立足夠的背景知識，之後再回去看那本書。這樣做的話，會比一開始就自己慢慢硬讀該書更能節省時間。像是西元二〇〇一年出版的《富爸爸，窮爸爸》這本書，很多人讀完後還是不太懂其中的精神，所以這些年來很多理財書籍跟保險直銷業者自己也出書談《富爸爸，窮爸爸》的觀念，但是內容淺白多了。所以讀完這些「拼裝書」後再去看《富爸爸，窮爸爸》，就更能掌握其中精髓。

另外補充一點，我不太會買以下這四類的書籍：「摘要版」、「漫畫版」，因為只有特點與要項，缺少詳細的思考脈絡，容易因為深度不夠，變得只知其然卻不知其所以然。除了哲學之外，「演講記錄」、「對談記錄」的內容，則常常讓我們見樹不見林。

3-6 放置在書架上

把家中的書架分成二大類：已看過、未看過。有時買回家後隔一陣子才會打開書籍閱讀，為了快速尋找下一本尚未讀過的書，我會集中放置，這樣可以縮短找尋書籍的時間，同時也時時提醒自己：還有這些書沒有翻閱喔！

電子書幾乎不用整理，可以選擇不同的排序來搜尋。我第一選擇的排序是「閱讀」，會將我已經翻開但沒有看完的每一本書都呈現出來，並呈現每一本書分別已經看了多少%，用來提醒自己要繼續讀完。第二選擇的排序是「未閱讀」，會將我已經購買但尚未翻開的每本書都呈現出來。

出於保護眼睛的理由，我建議購買電子書瀏覽器，而不是用手機、平板來閱讀。而且基於使用者的心理習慣，手機、平板可以做很多事情，所以一旦拿到手機、平板時，通常不會想到要看電子書，這樣就會降低閱讀機率。

3-7 閱讀是「輸入」

1. 時時不忘閱讀目的，用螢光筆或是彩色筆在書上標記重點

我以前喜歡保持書本的潔白乾淨，後來發現自己變成了書奴，只顧著保持書的乾淨，忘了書籍的價值在於內容而不在於紙張。**書是拿來用的，不是拿來擺著好看的。**後來更發現**在書本上標記線條、記號的動作，可加強記憶書本內容。**

建議習慣閱讀電子書的人，真的要購入電子書瀏覽器，這會為你帶來更好的閱讀體驗。電子書瀏覽器可以讓我們標記重點並且存檔下來，用手機或平板來閱讀電子書、儲存書籤、撰寫備註、搜尋書籤與備註時，操作流暢性與簡潔度通常比較差一點。不過各家電子書平台與電子書瀏覽器的功能性也有所差異，每個人的使用習慣也不相同，大家務必要親自去一一測試後，再順著你平時的閱讀習慣和查找書籍內文的習慣，決定要買哪個品牌的電子書瀏覽器，這樣才能帶來最佳的閱讀經驗。

某些販售平台提供的電子書可直接在電腦上閱讀，不限於在手機、平板、電子書瀏覽器上閱讀，若是喜歡大螢幕、不想花錢買電子書瀏覽器的人，可以挑選這類的電子書平台。

2. 理解不能跟背誦畫上等號

剛學寫字時，小學老師為了要我們記住字形與讀音的關係，要求我們口讀，也常要求我們反覆朗讀與背誦。

約莫小學三年級開始進入理解詞意、句意的階段，小學五年級後開始理解整段話的涵義，默讀是為了要能心無旁騖地專注眼前文字。成年人如果繼續使用低層次的反覆口讀與背誦，就無法達到「為了運用而吸收」的閱讀效果。

至於「熟讀唐詩三百首，不會作詩也會吟」的傳統觀念，拼命要學生口讀與背誦古典經文，卻不講解內容意義，父母或老師只會說：「先背起來，等你以後就會懂了。」這種方式對於培養理解力是毫無幫助的，更產生了怪現象——讀經，卻不懂經文。

我曾對一個小時候背誦大量經典古籍的小學老師做過實驗，長大後的他理解古文的能力跟一般人沒有差異，雖然我們不能藉此以偏概全，但此例可提醒大家：死背經典古文對理解力的幫助有限。

3-8 筆記是「輸入」與「輸出」間的橋樑

光閱讀卻不表達，等於是光輸入卻不輸出，這也是理解效果比較差的學習方式。閱讀完的輸出方式，可以是參加考試或是轉述給別人聽。能用自己的話語表達書中概念，還可以說得讓他人明白，這就表示你真的理解了。

在輸出之前，如果能先**整理成筆記，不僅可以強化輸入，也可以深化輸出。**

1. 心智圖中心主題寫上書名、作者名、出版社

若是覺得作者很棒，我會持續追蹤該作者的新著作。用心智圖來製作閱讀筆記，可縮短日後查詢、翻閱筆記的時間。

2. 依據閱讀思考的四個層次來決定心智圖上的細節量

依據不同需求，心智圖筆記可分成「**提示用筆記**」跟「**心得用筆記**」。「提示用筆記」的文字量，通常會遠遠多於「心得用筆記」。

如果閱讀後覺得該書很值得保存下來，我會畫「提示用筆記」心智圖，把書籍中一個

章節的內容，彙整理在一條脈絡之中。日後閱讀心智圖筆記時，如果遇到想要再重溫該章節細部內容的時候，就很方便翻書尋找內容。在畫的時候，雖然有些內容早就知道了，但為了保持作者的原汁原味與日後搜尋的方便性，我仍會寫進提示用筆記的心智圖中。

整理完「提示用筆記」後，再根據自己的想法和邏輯，重新濃縮整理成「心得用筆記」——這張才是自己真實的閱讀收穫，我會把這兩張用訂書機裝訂在一起保存。

如果閱讀後覺得該書細節不太值得保存，只想保存書中的主要觀念就好，我會只畫「心得用筆記」。整本書閱讀完之後，根據我所標記的重點，再加上個人想法，彙整在一張心智圖上。

3-9 「輸出」運用到生活中

閱讀的第三、第四個層次就是以自己為出發點，去思考如何運用吸收到的知識，詳細說明見第5、6、8章。

3-10 書籍、雜誌、筆記的後續處理

1. 我的個人偏好與理由

我喜歡閱讀紙本書，而不是電子書。因為紙本書能帶來多種感官的體驗，在輸入大腦的過程中使用越多種的感官，大腦對於書本內容的記憶效果越好。

電子書分成**流動式**版面跟**固定式**版面。若整本書籍內容是純文字，也就是沒有任何圖表、照片就會採用流動式版面。考慮到閱讀過程的流暢度，我只會購買流動式版面的電子書。❸

一般我只會購買小說類、文學類的電子書，因為**閱讀電子書後的記憶時間不如紙本書**，很容易忘掉故事細節。隔幾年後再看一遍，仍會覺得故事內容有新鮮感。喜歡小說、文學的人，可以盡量購買電子書來節省家中的存放空間。

---

❸ 有圖表、照片的內容，只能採用固定式版面的電子書，畫面呈現方式很像是PDF檔，一旦將字體放大後就必須不停地移動畫面位置，才能把一行文字看完，閱讀流暢度很差。

2. 紙本書的處理

愛書人最大的困擾就是書太多書櫃放不下，或是不知道該怎麼整理。別忘了，放在書櫃的書都只是擺著好看，書沒有被翻閱時，它能帶來的價值就等於是零。超過一年都沒有再翻閱第二次的書，表示在你生活中的存在價值已經很低了，就大膽送給別人吧，別把自己的家當倉庫喔！

既然已經把該書的重點都整理成心智圖了，就不一定要把書留存下來。我自己會把不需要留存的書籍捐給台東或屏東偏鄉圖書館，或是送給適合閱讀的朋友，讓書可繼續發揮價值，不要死在我家書櫃中。❹

每一本書都是我精挑細選後才買回家的，當我送出或捐出越多的書出去，就等於是我送出越多對人有益的知識，這是我幫助他人的方法之一。或許正因為我常常送出美好，因此也常獲得天上掉下來的好運。

❹ 就算已經畫上標線、記號、重點摘要的書籍，也是可以捐給圖書館的。我的朋友其實也不介意我送這樣的書給他們，甚至還覺得已經有標記重點的書很好，可以節省閱讀時間。

3. 心智圖集結成冊

千萬別一開始就買一堆檔案夾，試圖要把陸陸續續畫出的心智圖依檔案夾的分類去歸檔，最後你一定會發現某些檔案夾生意清淡，某些檔案夾卻生意多到要爆開來。

你可以把所有手繪的心智圖都拍照起來，以電子檔方式儲存。檔名名稱直接使用心智圖的中心主題即可。

不論是紙本或電子檔的心智圖，我都建議先不要分類，固定隔一段時間後再來分。只要某個類別超過七張以上，就獨立成一個檔案夾，這樣可建立起最適合你且是特有的系統性知識庫。

4. 雜誌內容的處理

考慮使用上的方便性與閱讀的流暢性，電腦軟體類的書籍，我買的都是紙本書。雜誌、電腦軟體書，這兩種都有時效性，所以圖書館是不接受捐贈的，一旦不想看了就直接送到紙類回收即可。

過去購買的紙本雜誌，我會撕下想要保留的文章，因為一篇文章的頁數通常不多，直接寫在雜誌紙上標記重點就好，不用再畫成心智圖了，整理資料的方式跟前面第三點一樣。

目前我傾向於在電子雜誌ZINIO平台上購買雜誌，因為它的書籤功能很方便，只要在想保留的文章加上書籤標記，日後直接點選書籤處，就會顯示所有書籤標記後的文章，不需要一本本翻閱。

4

練習圖解

4-1 描述數字、比例

遇到類似數字或比例的描述，用「數線」來呈現是最簡單的。只要是連續的數字，都可以借用數學中的「數線」概念來表示。許多歷史參考書都會用「時間軸」來表示各事件發生的順序，時間軸也是一種數線的形式。

基本上，**心智圖要用最精簡的方式來表達腦中的邏輯關係**，只要邏輯對了，愛怎麼畫就怎麼畫，讓文字語言的抽象能力與符號圖像的具象能力，不停地互相轉換，這可以快速進步到「見山不是山」的境界喔！這能力對於生活與工作上的表達溝通會很有幫助的。

範例文章一

神奇酵素就會優先作為消化酵素使用，體內的代謝酵素量就隨之減少了。這麼一來，代謝變得停滯緩慢，身體也就容易發胖。

——《Dr. 新谷醫師「腸活」瘦身法》，56、58頁，新谷弘實著，晨星出版

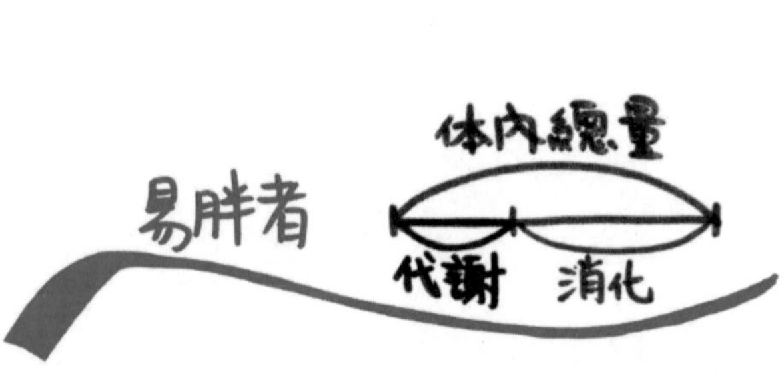

▲ 圖解型心智圖：易胖者的惡性循環（結合數線）

範例文章二

食物內的食物酵素即可促進消化，也能夠預防體內消化酵素的損耗。因此，節省下來的神奇酵素就可以再回流製成代謝酵素，並加速代謝的進行，身材自然就容易變苗條了。

——《Dr. 新谷醫師「腸活」瘦身法》，56、58頁，新谷弘實著，晨星出版

範例文章三

一年後，她被任命為史丹佛大學教務長——財務負責人和學校第二高職位，這又給她帶來一場驚喜。她的職位讓許多教育者都感到不可思議：她剛滿三十八歲。她的前幾任都比她老得多，至少都六十歲。不少批評家挑剔她對這項工作沒有經驗，說她不適合。有些人中傷說，她得到這個職位只是基於皮膚的顏色。毫無疑問，這些貶低都是由於一些人的忌妒和怨恨，她必須經過長時間的考驗才能使那些人明白她的所有成就。

▲ 圖解型心智圖：易瘦者的良性循環
（結合數線）

萊斯的工作並不簡單，這是肯定的。身為教務長，她不僅要管理學校的十億預算，還要管理一千四百個師生及員工。住宿問題愈來愈多，本科生的教學改革早就該做了，此外，史丹佛大學還有兩百萬的虧空。萊斯果斷地著手處理這些事。在接下來的幾年裡，那些曾否定過她在這個職位上能力的批評家們都不再對她有微詞：她減少預算、裁減人員。在她節儉政策的帶領下，史丹佛大學擺脫了赤字。

——《萊斯：世界上最有權力的女人》，160～162頁，埃里希·沙克著，晨星出版

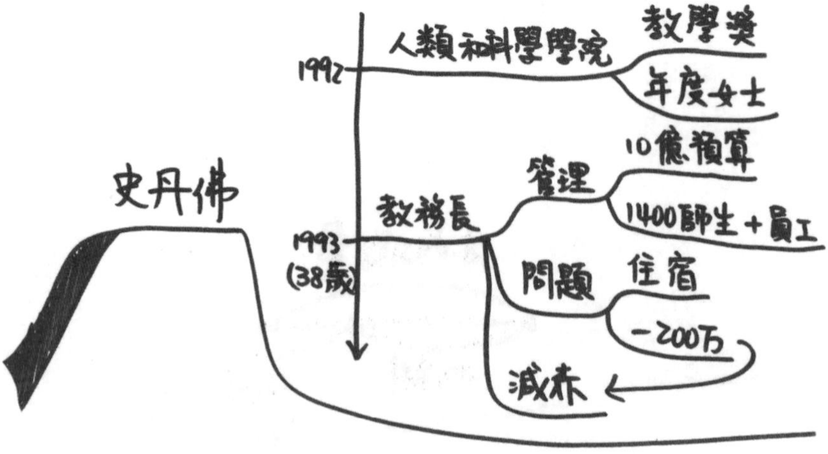

▲ 圖解型心智圖：萊斯在史丹佛的職涯
（結合時間軸）

範例文章四

星星的光譜，從它的細部特徵來看可以分類為：O—B—A—F—G—K—M—L—T。

速度愈快的星體愈是高溫、也愈年輕，也就是這分類中的O型和B型，它們的表面溫度可以高達好幾萬度。另外，速度慢的星體表示愈低溫，例如說M型的星體表面溫度大概就只有3000度左右。最近我們才用紅外線觀測找到的L型和T型的表面溫度，大概是1000到2000度左右。順帶一提，太陽是屬於G2型的，表面溫度是6000度，正好是中間溫度的星體。這些星體所放出的光芒，正可說是「天體的指紋」！

——《你對宇宙了解多少？》，34～35頁，福江純、粟野諭美著，晨星出版

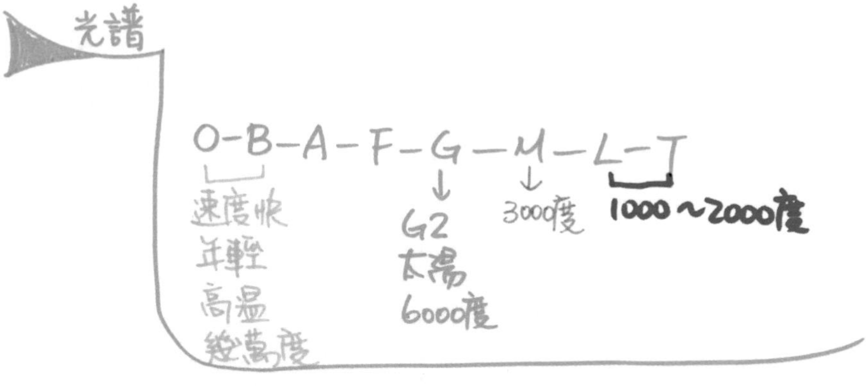

▲ **文字型心智圖：星星的光譜**

（結合數線、箭線圖）

補充說明

國高中數學的幾何、空間概念，在解題的過程中，必須學習運用2D平面線條去展現3D空間感。幾何、空間的概念其實對建構這一類的圖像能力很有幫助。

4-2 描述順序、步驟、流程

步驟、流程類的素材，常出現在專案管理中。其實只要含有步驟、流程的素材，用「箭線圖」來表示最簡單，可將各個步驟間的先後關係、主從關係表達完整。

在原書已經圖解得很完整的時候，我們可以直接把整個圖解的圖放進心智圖中；若書中原本沒有圖表解說，就自己練習將文字轉化成圖解，這樣心智圖的內容就會很簡潔易懂。

範例文章一

當人們只攝取加熱調理製成的加工食品時，因為食物內並沒有食物酵素，所以就會消耗浪費體內的消化酵素。結果，神奇酵素就會優先作為消化酵素使用，體內的代謝酵素量就隨之減少了。這麼一來，代謝變得停滯緩慢，身體也就容易發胖。如果只是攝取食用酵素不足的食物，身體就無法確實地消化吸收到必要的營養素，造成身體持續感到營養不足，進而不斷地想要再次進食。結果，就會陷入發生過食現象，繼而持續累積多餘熱量，導致身材變得容易發胖的惡性循環。

——《Dr. 新谷醫師「腸活」瘦身法》，56、58頁，新谷弘實著，晨星出版

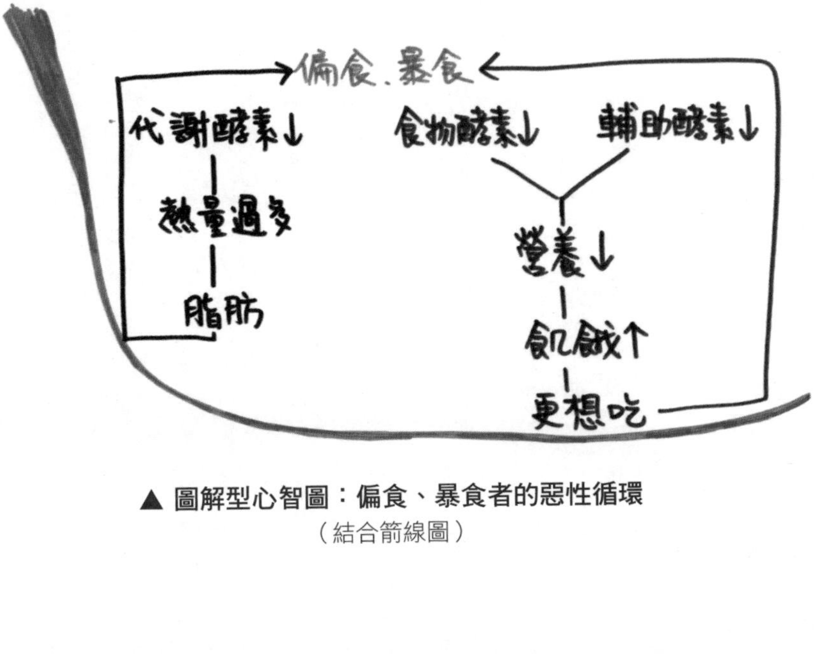

▲ 圖解型心智圖：偏食、暴食者的惡性循環
（結合箭線圖）

範例文章二

狐狸與熊——施比受更有福

有一天，一個男人在森林裡散步，偶遇一隻受傷的狐狸。這隻可憐的動物被獵人追捕，逃命的時候摔斷了腿。牠現在躺在樹叢裡，飢餓卻無法尋找食物。

男人心繫著狐狸，但是當他凝視著狐狸時，樹林中隱約出現一隻灰熊，拖著一隻被牠殺死的動物的屍體。灰熊不理會眼前受傷的狐狸，但是牠飽食之後再次出現，並在狐狸躲藏的附近留下一些吃剩的食物。狐狸狼吞虎嚥地把食物吃光。第二天，男人再次來到森林裡散步。他看到灰熊又留了一些可口的食物給飢餓的狐狸。第三天，這個情況依舊。

男人對於眼前所見沉思了一番。「如果上帝對一隻受傷的狐狸都如此關心，」他心想，「那麼祂應該會更加照顧我。我的信念太薄弱了。我應該學習相信上帝，就像這隻狐狸一樣。」於是男人走到森林裡一處安靜的角落，然後祈禱，「親愛的上帝，這隻受傷的狐狸讓我看見牠對您的信任。現在我也把自己完全交付給您照顧。我相信您會照顧我，就像您照顧那隻狐狸一樣。」

他一祈禱完畢，就躺在地上等待上帝降臨。一天過了，什麼事也沒發生。男人非常飢餓。第二天結束了，依舊什麼事也沒發生。男人深感困惑。第三天結束後，男人非常氣憤。「上帝，」他大喊，「您愛那隻狐狸勝過於愛我！我如此信任您的時候，您為什麼不照顧我？您為什麼不供給我食物？」

最後，飢餓迫使男人回到城裡。男人在街道上遇見一個挨餓的小孩，於是他斥怒上帝。「您為什麼不做點事情！」「我已經做了一些事，」上帝說，「我讓你來到人間。不過，你可以選擇以灰熊為榜樣，可是你卻仿效了狐狸的行為。」❺

——《一生必讀的100個睿智故事》，160～161頁，瑪格麗特．斯爾夫彙編，晨星出版

補充說明

時間序就是本文章的布局架構，借用「流程圖」的方式來呈現，分成男人在森林中的見聞、男人在

❺本文的心智圖範例請見第9章176頁。

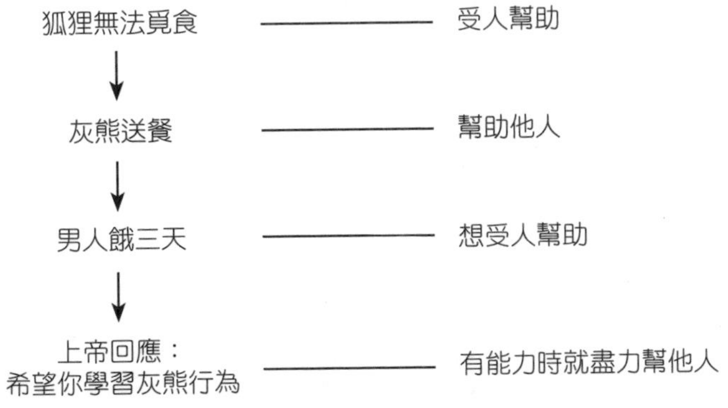

▲ 流程式圖解：故事架構與寓意

森林中做的事情、男人回城後做的事情，以及作者要表達的寓意。寓言故事的**寓意**是最重要的，故事主角做的事有什麼寓意，是閱讀時要留意的關鍵。有些人看故事只拼命記故事的細節，卻忽略最重要的寓意，這是本末倒置的閱讀法。

4-3 描述對比、比較

遇到兩個物件、兩件事情互相比較時，表格是最簡單、最清楚的呈現方式。表格本身就是一種圖解，這種表格圖解能力大約在國中階段已經發展完成了。

越常使用表格的人，能越快將大量文字轉換成簡單的表格。要特別留意的是，表格內的文字請儘量濃縮成「關鍵詞」，不要填入整個句子。將整個句子簡化成「一個字詞」或「幾個字詞」，這是培養抓重點能力的第一步。

心智圖的包容性很強，我們可以把表格也融入其中。金融、會計、統計領域的書籍常有這類的表格，你可以直接引用，並不需要再做變動。建議十二歲以上的讀者，一定要常鍛鍊這種表格圖解方式的心智圖，這樣可讓心智圖筆記更為精簡。

如果你正在閱讀的書籍本身已經有畫表格，若覺得這個表格很不錯，可以直接拍照、截圖，並剪貼到你的心智圖中，這樣日後就不需要再重新翻閱書籍，直接閱讀這張心智圖就好了，省去大量複習與翻找資料的時間。

範例文章一

杜拉克卻認為，「就算解決問題，也只是得到原本就能夠得到的東西而已。」補強限制條件能否引發成長？答案是不能。或許能夠達到現有商業模式下的最高水準，但也僅限於那個範圍內而已。如果能夠藉此進入新階段，那麼就不是問題解決（因應負面因素）了，而是課題解決（因應正面因素）了吧。

眼前發生問題，就要立即應變解決它。只是，同樣的問題會一而再、再而三發生，因此光是處理問題，並不算真正解決它。相對地，對於機會的因應就算延後，也不會馬上影響到業務，因此很容易被忽視。

也就是說，發掘的機會，必須能夠讓公司從現有的商業模式移往新商業模式。雖然目前的企業經營環境嚴峻，還是有企業的業績能夠持續成長。這些企業的共通點是，他們不斷因應顧客需求、發掘新需求，視之為商機，而予以事業化、商品化。

花費在問題上的精力（人力、物力、財力、時間）應該控制在最小限度；相對地，投入機會的精力，就必須足夠。請先記住，「解決問題固然能夠回復原貌，機會卻存在著飛躍的可能性」。

——《一輩子受用的杜拉克行銷思考法》，57～58頁，藤屋伸二著，晨星出版

補充說明

企管書籍就如同論說文一樣，闡述某項觀念或論點，我們需將焦點放在專有名詞與定義上，還有新論點與其它論點之間的相同點與相異點。運用分析與歸納的能力，比較「問題解決」和「課題解決」兩者之間的關係後，要找出作者用來做比較的基礎點（比較的標準）在哪裡，將基礎點列在表格的左方。

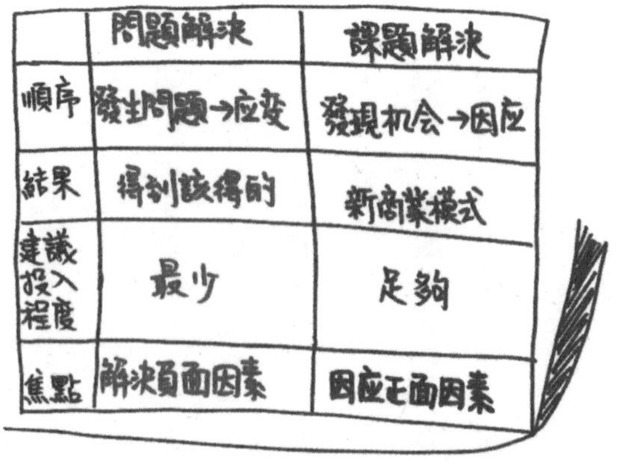

	問題解決	課題解決
順序	發生問題→应变	發現机会→因应
結果	得到該得的	新商業模式
建議投入程度	最少	足夠
焦點	解決負面因素	因应正面因素

▲ 圖解型心智圖：「課題解決」優於「問題解決」（結合表格）

範例文章二

到底何謂管道接觸點？從公司的觀點來解讀，管道泛指通路（Distribution Channel），換句話說，所謂的管道是分配並推出產品和服務到市場的媒介。但從顧客的觀點來看，卻是由顧客選擇媒介來取得產品、服務和資訊。你能看出公司和顧客的看法不一樣了吧，這還不過是開始呢！

銀行將顧客區隔為依照共同特性分群顧客的方式，不過卻是出自銀行內部觀點，像是「顧客的價值」或「有相同銀行產品的顧客」。銀行從企業模型和觀點出發，想開發計劃改善顧客忠誠度與留住顧客。

——《誰偷了我的顧客？》，87～89頁，哈維．湯普森著，晨星出版

補充說明

企業管理類型的文章，必須將焦點放在作者提出了什麼觀點，文中的例子是為了證明與幫助理解這些觀點的差異，至於例子的部分是

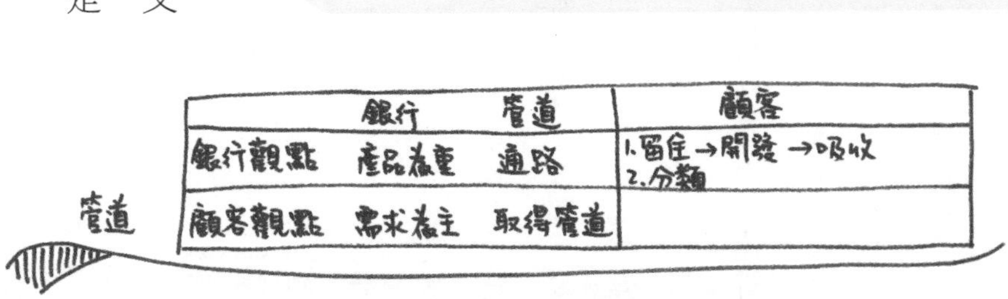

▲ 圖解型心智圖：風險，來自公司文化的觀點
（結合表格）

否重要，就看你想不想同時留意其他行業的情形。像文中提到的銀行與客戶間的對比觀點，是為了讓讀者了解作者的論點而寫的。

範例文章三

我們對於一棵古松的三種態度——實用的、科學的、美感的

實用的態度以善為最高目的，科學的態度以真為最高目的，美感的態度以美為最高目的。在實用的態度中，我們的注意力偏在事物對於人的利害，心理活動偏重意志；在科學的態度中，我們的注意力偏在事物問的相互關係，心理活動偏重抽象的思考；在美感的態度中，我們的注意力專在事物本身的形象，心理活動偏重直覺。真善美都是人所定的價值，不是事物所本有的特質。離開人的觀點而言，事物都混然無別，善惡、真偽、美醜就漫無意義。真善美都含有若干主觀的成分。

就「用」字的狹義說，美是最沒有用處的。科學家的目的雖只在辨別真偽，他所得的結果卻可效用於人類社會。美的事物如詩文、圖畫、雕刻、音樂等等都是寒不可以為衣，飢不可以為食的。從實用的觀點看，許多藝術家都是太不切實用的人物。然則我們又何必來講美呢？人性本來是多方的，需要也是多方的。真善美三者俱備才可以算是完全的人。人性中本有飲食欲，渴而無所飢，飢而無所食，固然是一種缺乏；人性中本有求知慾而沒有科學的活動，本有美的嗜好而沒有美感的活動，也未始不是一種缺之。真和美的需要也是人生中的一種飢渴——精神上的飢渴。疾病、衰老的身體才沒有口腹的飢渴。同理，你遇到一個沒有精神上的飢渴的人或民族，你可以斷定他的心靈已到了疾病、衰老的狀態。❻

——《談美》（愛藏本），17～18頁，朱光潛著，晨星出版

補充說明

論說文就是論述說明作者自己的想法，這篇

❻本文的心智圖範例請見第9章177頁。

分析比較 ＼ 態度	實用的態度	科學的態度	美感的態度
最高目的	善	真	美
注意力在於	對人的利害	事物間相互的關係	事物本身形象
心理活動	意志	抽象思考	直覺
由誰決定	人		
主觀／客觀	主觀＋客觀		
效用	實用	辨別真偽	不切實際
能滿足	身體	身體＋精神	精神

▲ 表格式圖解：對於一棵古松的三種態度

文章之所以會被收錄進學校教材內，必定有其文學上的價值。除非你是想要提升寫作能力，學習其文學上的優點，否則閱讀焦點只要擺在作者想要闡述的論點是什麼就好，千萬不要被作者華麗的用字遣詞和繁複的詞彙給迷惑了。

比較三種態度的相同點與相異點是本文的寫作主軸，要小心分析作者想要比較的點在哪裡。需要「分析↓歸納」的過程才能製作出以下這樣的表格。首先把焦點放在作者的分類概念上，再一一抓出每個分類概念底下的特色，例如：先抓出「每種態度的最高目的」，再一一比較這三種態度的最高目的分別是什麼。

以本文來說，這個表格已經表達得很完整了，不用結合心智圖也沒有關係。在此要提醒一個觀念：或許有很多人不斷地強調心智圖是萬能的，但有時在某些題材上，其它工具也能表現得跟心智圖一樣好，這時就依照你的喜好去選擇使用即可。總之，多學幾招思考工具，只有好處沒有壞處，別像我的很多成人學生一樣，「書到用時方恨少」！

範例文章四

生命之水

有三個人在尋找生命之水，希望喝下生命之水後，可以長生不老。第一個人是武士，他猜想生命之水應該非常強大——可能是洪流或急湍——於是他身穿盔甲、手持武器前往尋找，他相信自己可以迫使生命之水向他屈服。第二個人是女巫，她認為生命之水應該非常有魔力——也許是個漩渦或噴泉，她必須施用魔咒——於是她穿上布滿星星圖案的長袍前往尋找，希望可以靠她的機智騙取生命之水。第三個人是商人，他猜想生命之水應該很昂貴——或許是個有珍珠或鑽石散落的噴泉——於是他在衣服和錢包裡塞滿錢，希望可以用來買生命之水。

這三個旅人到達目的地時，他們發現自己大錯特錯。生命之水不是洪流，不需靠暴力取得。

	武士	女巫	商人
對水的猜想	洪流或湍急	漩渦或噴泉	珍珠或鑽石 裝飾的噴泉
工具	盔甲＋武器	魔咒＋魔法長袍	錢
作法	用武力使屈服	用機智騙取	用錢買
困擾	無法彎身喝水	不能弄髒長袍	彎身時錢會掉落
解決方法	赤裸＋下跪屈身		
寓意	謙卑能獲得更多		

▲ 表格式圖解：三個旅人與生命之水

生命之水不是漩渦，不需對它施用魔法。生命之水也不是有珍珠或鑽石散落的噴泉，不需花錢購買。它只是一池冒著泡泡的小泉水；它完全免費——不過，你必須跪下來才能飲用它。這三個旅人感到萬般困擾，因為：武士穿著盔甲，根本無法彎身。女巫穿著有魔力的長袍，如果弄髒了，它的魔法就會消失。商人身上裝滿了錢，他只要稍微屈身，錢幣就會滾出來掉進角落的縫隙裡。

這三個人都穿著盛裝，沒有辦法彎下身軀去飲用生命之水。解決的方法只有一個，那就是：武士脫下盔甲，女巫脫掉有魔法的長袍，商人脫去塞滿錢的衣服。如此一來，他們每個人——赤裸著身子——都可以跪下來飲用生命之水，享受它冰涼、甜美、令人驚奇的恩賜。❼

——《一生必讀的100個睿智故事》，116～118頁，瑪格麗特．斯爾夫彙編，晨星出版

補充說明

文章並沒有直接告訴我們寓意，但為求個人深度思考的效果，寓言故事一定要列出個人心得，因為這個心得就是寓意。每個人看事情的面向不同，可能會得到不同的寓意，這是正常的，畢竟我們都是用自己過去的經驗來看待現在的事情，個人的詮釋與解釋自然會

❼ 本文的心智圖範例請見第9章178頁。

有所不同。閱讀能啟發人生思考的小說，既可以享受故事情節的豐富動人，又可以獲得人生目標的啟發，是我覺得最棒的書籍。

4-4 描述場景、情境

故事的時間順序是很重要的，我們平時說話的語法是「昨天我去百貨公司買了一雙鞋」，順序是：時間↓人物↓地點↓事物，而作者通常想要強調的順序性不外乎以下四種：

1. 強調時間順序：時↓人↓地↓事物↓因果
2. 強調人物順序：人↓時↓地↓事物↓因果
3. 強調地點順序：地↓人↓時↓事物↓因果
4. 強調原因：因↓人、事、時、地、物↓果多數人遇到故事性的文章，第一個念頭是希望自己把細節都記下來，這個想法就錯了。除非是為了加強寫故事的能力，而需要好好參考借鑑一下作者的筆法。作者的布局（故事主軸）才是值得記錄的，細節是為了加強生動性與真實性，屬於旁枝末節，千萬別見樹不見林。

插圖是一種圖解，故事類的文章就直接把故事場景和情境畫出來即可。這部分對小孩子來說是再簡單不過的事，但對大人來說，因為已經拋棄畫圖行為多年，年紀越大就越在乎自己畫出來的圖像不像、好不好看，於是很多成年人對於這種類型的心智圖充滿恐懼感，怕畫出來的圖被別人笑。別忘了，這不是美術課，**只要你知道圖片表達的是什麼意思就好，「像不像」不重要。**

故事有動作，因此故事類的內容算是很容易畫成圖解的。或許你會想，這有點像是自製漫畫一樣。沒錯，你說對了！漫畫就是把故事圖像化，常看漫畫或是常畫漫畫，對這一類的圖解能力會很有幫助的，要多留意漫畫家如何表現畫面，而別只注意故事人物的對話而已喔！

初學者的你，可能會想：「我看完一本故事書或小說只是為了打發時間而已，還要把內容畫成插圖，實在是很麻煩。」不過，你可以改成這樣想：「我畫心智圖是為了提升理解力、刺激想像力。」有心訓練這方面能力的人，建議從有文學價值的小品散文著手，還可豐富心靈。

等到精熟心智圖之後，可別忽略了自己看書的原始目的喔！我們是為了要增強理解力才畫心智圖的，不是為了練習畫圖而畫心智圖。到精熟階段時，你可以只寫出文字型心智圖。

範例文章一

她又回到桌子旁，希望再找到一把鑰匙，或者找到一本教導把人像望遠鏡那樣縮小的書。這次，她在桌上發現一個小瓶子。（「它剛才一定沒有在這裡。」愛麗絲說），瓶口上繫著一張小紙條，上面寫著兩個很漂亮的大字：「喝我。」

——《愛麗絲夢遊仙境》（愛藏本），17～19頁，路易斯·凱洛著，晨星出版

▲ 圖解型心智圖：愛麗絲夢遊仙境（愛藏本）

圖像說明：愛麗絲站在桌旁看著小瓶子滿腦子問號，想著鑰匙、想著一本書，書旁有三角形變成小三角形的圖形。

範例文章二

好一陣子他們隱約意識到遠方傳來特別的聲音，那種聲音就好像時鐘滴答聲，沒有人特別注意但確實存在，這神祕的聲音愈來愈清晰，不得不聽見，男孩一驚，彼此看了一眼，全都側耳傾聽，經過一陣很長不易被打破的沉默後，一陣既深沉又刺耳的轟隆聲從遠方飄來。

——《湯姆歷險記》（愛藏本），127～128頁，馬克·吐溫，晨星出版

▲ 圖解型心智圖：湯姆歷險記（愛藏本）

圖像說明：音符被風吹來，代表「來聲」。只有一個耳朵旁有音符逐漸變大，旁邊有個時鐘，代表「逐漸清晰」、「沉默傾聽」、「長時間」。一個沉重的秤錘，發出尖銳跟厚實的音波，傳到耳朵中，代表「轟隆聲」、「深沉」、「刺耳」。

範例文章三

河鼠看了看四周，發現他們站在房前的院子裡。門的一邊擺著一張座椅，另一邊放著一個壓路機。鼴鼠是一個愛清潔的動物，容不得別的動物把他院子裡的泥沙弄成一堆一堆的。牆上掛著好幾個鐵絲籃子，裡面裝著羊齒草，籃子與籃子之間的支架上擺放著各種石膏塑像——有（義大利民族解放運動領袖）加里波底（Garibaldi），有幼兒時期的撒母耳，有英國女王維多利亞，還有一些當代義大利的英雄人物。院子的一邊有一條九柱遊戲球道，球道兩邊擺著長凳和小木桌，每張桌子上都留下圓圈的痕跡，表示上面曾經放過啤酒杯。院子中間有一個圓形的小池，裡面養有金魚，池塘周圍用海扇殼鑲嵌；池塘中間有一間非常別緻的房子，這房子的外表也鑲嵌著許多海扇殼，屋頂上有一隻大大的銀色玻璃球，球面上映出的東西都變形了，顯得特別好看。

——《柳林中的風聲》（愛藏本），78～80頁，肯尼思．格雷厄姆著，晨星出版

▲ 圖解型心智圖：鼹鼠之宅

5

這種情況，要不要畫成心智圖？

5-1 目錄

偶有學生問我：「我這樣做能不能增加對每一章節內容的理解呢？我可不可以先把一本書的目錄畫成心智圖，再把每一章節的內容另外獨立畫成心智圖？」

範例文章

【推薦語】值得珍藏的舊鐵道地圖／吳念真等聯合推薦
【作者序】拼湊台灣舊線完整地圖／鄧志忠
【作者序】拓荒的先驅——台灣舊鐵道／古庭維

01 台北都會通勤圈
A.大台北的鐵道印象——淡水線
B.坐火車到碧潭的愜意——新店線

02 台鐵幹線改線段
A.超人氣舊線跡——舊山線勝興段

B.老街的見證——老湖口舊線

C.洄瀾海風相伴——舊花蓮港鐵道

D.舊東線越嶺路——中興改線段

E.悠遊縱谷油菜花田——安通改線段

03 水利工程鐵道

A.恩澤千萬人——嘉南大圳工事鐵道

B.台灣工業現代化之母——日月潭工事鐵道

04 盛極一時的港都鐵道

A.台灣頭雨港鐵枝路——基隆臨港線

B.海洋都市鐵枝路——高雄臨港線

05 鐵道變身鐵馬道

A.大甲溪畔綠廊道——東勢線

B.穿越都會與田園——神岡線

C.山洞與鐵橋的親身體驗——舊山線后豐段

D.太平洋戰爭的見證——中油嘉義溶劑廠線

E.丟丟銅仔歷史現場——草嶺隧道

06 基隆河黑金傳奇

A.產煤裕國——瑞三鑛業

B.平溪黑金發源地——石底煤礦

C.體驗礦場風情——新平溪煤礦

07 北海岸黃金傳說

A.通往悲情城市——基隆輕鐵金瓜石線與瑞芳線

B.黃金的故鄉——金瓜石鑛山鐵道

C.最美麗的海岸鐵路——金瓜石線與深澳線

08 迎著海風的鹽場鐵道

A.台灣鹽業發祥地——七股鹽場鐵道

B.鹽鐵的最後舞台——布袋鹽場鐵道

09 深入寶島的林場鐵道

A.現代化林業之始——阿里山林場鐵道

B.最大的林場——太平山林場鐵道

C.大甲溪畔的運材線——八仙山林場鐵道

D.纜車直達天際——東部運材鐵道

E.難忘的輕便車——烏來台車軌道

10 揮別糖香的糖業鐵道

A.糖鐵復活先聲——烏樹林糖廠

B.糖業鐵道重鎮——新營糖廠

C.明治寶庫——蒜頭糖廠

D.蒸汽五分車原鄉——溪湖糖廠

E.糖業鐵道發祥地——高雄糖廠

11 老驥伏櫪鐵橋新生命

A.屏東玄關——下淡水溪橋

B.遠東第一——西螺大橋

C.最老鐵橋——虎尾溪橋

D.糖鐵最長橋——復興橋

——《台灣舊鐵道散步地圖》，鄧志忠、古庭維著，晨星出版如果遇到的是像前幾頁範例的目錄，而你也認同這樣的分類方式，那又何必浪費時間去畫一張跟目錄幾乎一樣的心智圖呢？這是多此一舉的動作。你應該直接將每一個章節的內容繪製成心智圖就好。

同一個人，若改變了閱讀目的，就會整理出不同主脈結構的心智圖，也就是閱讀目的不同，所抓的重點就應該不同。另外，即使兩個人讀同一篇文章，兩個人視角與著墨點不同，心智圖上面所寫的關鍵字詞也會有所不同的。

以上面的範例文章來看，若你想蒐集各地點附近的鐵道有哪些，主脈就依照「各地點的實際地理位置」來寫，更容易清楚明白到各地遊玩時，可以選擇哪些鐵道景點。這樣比較吻合實際運用的目的。

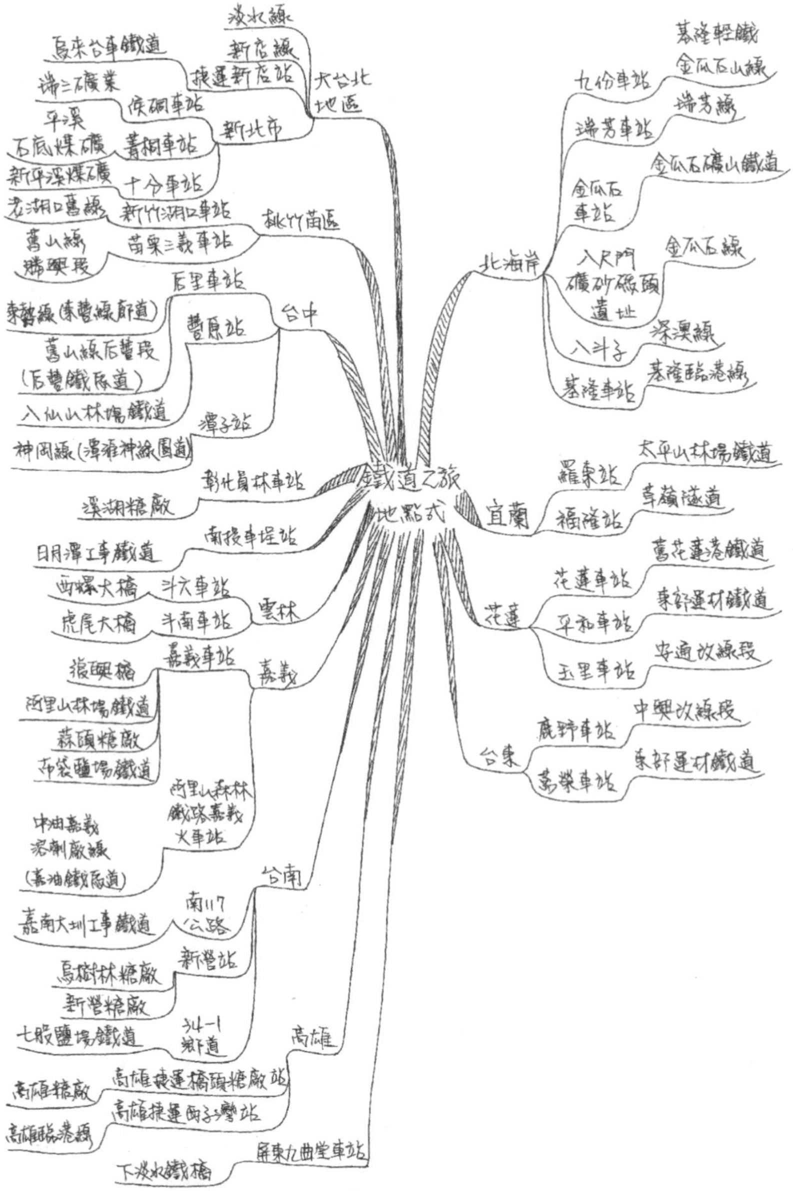

▲ 文字型心智圖：鐵道之旅

（依城鄉位置分類整理）

5-2 故事中的角色關係

偶爾會有學生拿著一本小說問我：「這本書中的人物很多，人物之間的關聯性也很複雜，閱讀時常常會混淆每個角色的過去情況，我是不是該把各個人物之間的關係整理成心智圖呢？」

範例文章

雷族 Thunderclan

族長　藍星：毛呈灰色的母貓，口鼻處附近有銀灰色的毛。見習生：火掌。

副手　紅尾：小型的玳瑁貓，公貓，有條顯眼的紅色尾巴。見習生：塵掌。

巫醫　斑葉：美麗的玳瑁貓，母貓，有突出的花紋。

戰士（公貓，以及沒有子女的母貓）

獅心：華麗、金色的虎斑貓，公貓，有像獅子鬃毛的厚毛。見習生：灰掌。

虎爪：暗褐色的大型虎斑貓，公貓，前爪特別的長。見習生：烏掌。

白風暴：白色的大型公貓。見習生：沙掌。

暗紋：烏亮的黑灰色虎斑貓，公貓。

長尾：蒼白的虎斑貓，公貓，有暗黑色的條紋。

追風：動作敏捷的虎斑貓，公貓。

柳皮：淺灰色的母貓，有很特別的藍眼珠。

鼠毛：黑棕色的小母貓。

見習生（六個月大以上的貓，正在接受戰士訓練）

塵掌：黑棕色的虎斑貓，公貓。導師：紅尾。

灰掌：有灰色長毛的公貓。導師：獅心。

烏掌：烏亮的黑色大貓，尾巴尖端是白色。導師：虎爪。

沙掌：淡薑黃色的母貓。導師：白風暴。

火掌：英俊的薑黃色公貓。導師：藍星。

貓后（正在懷孕或照顧幼貓的母貓）

霜毛：有美麗的白毛、藍色眼珠的貓。

斑臉：漂亮的虎斑貓。

金花：有淡薑黃色的毛。

斑尾：淺白色的虎斑貓，是最年長的貓后。

長老（退休的戰士和退位的貓后）

半尾：黑棕色的大虎斑貓，少了半截尾巴。

小耳：灰色公貓，耳朵很小，是雷族裡最年長的公貓。

斑皮：小型的黑白貓，公貓。

獨眼：淺灰色母貓，是雷族裡最年長的母貓，已經又盲又聾。

花尾：有著可愛花紋的母貓，年輕時很漂亮。

——《貓戰士十週年紀念版—首部曲之一：荒野新生》，艾琳・杭特著，晨星出版

以上面的《貓戰士十週年紀念版—首部曲之一：荒野新生》為例，書中為了幫我們弄清楚每一種職位的貓咪有誰，已經將「各族效忠成員」分類完成，但是各成員之間的關係沒有呈現出來。這時我會自己來畫一張成員關係圖。

對於各個戰士與見習生的關係，用「條列分類」方式來表現，並不夠精簡。因為各角色同時具備多種特點，且各角色之間的關係錯綜複雜，這時用心智圖來整理會更好。

每一種職位都有各自的責任與工作，我用「職位名稱」來當主脈名稱，再延伸出有哪些貓咪。見習生除了個人特色外，每一個見習生分別與戰士之間又有師徒關係，這時就需

要額外拉線條來表示。

遇到這種**兩個關鍵字之間的關聯性不足以放在同一個脈絡內的，就可以再額外拉線條來表示。**

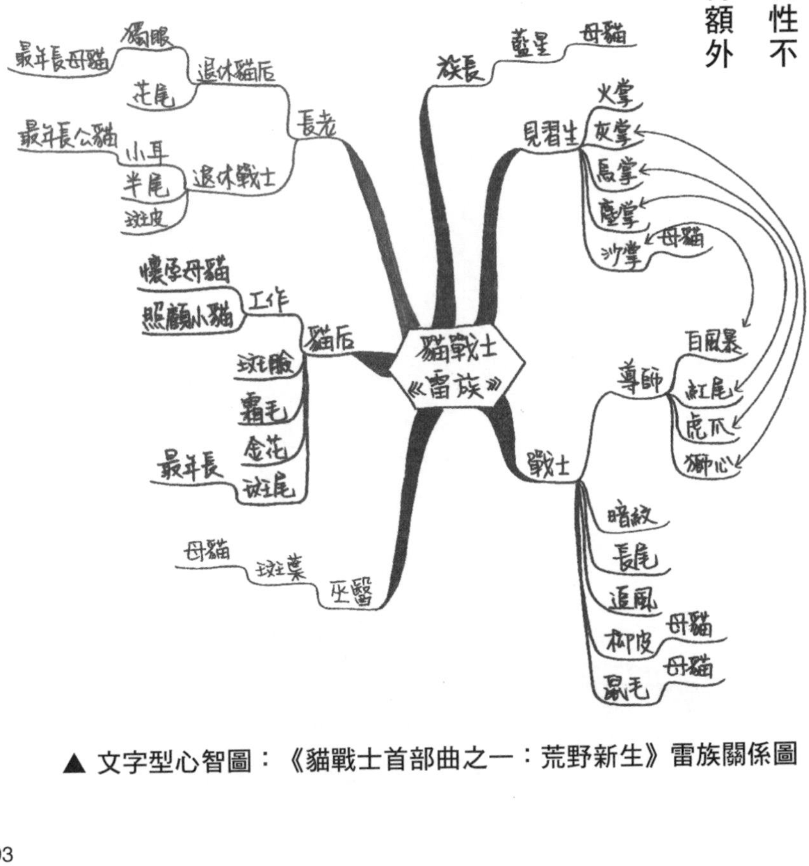

▲ 文字型心智圖：《貓戰士首部曲之一：荒野新生》雷族關係圖

6

拿起一枝筆，就可進行心智圖閱讀術

6-1 心智圖閱讀術的步驟

心智圖閱讀術可幫助你在原有的閱讀力上，再往上提升閱讀力。需按照以下步驟執行，**千萬別一邊看文章一邊畫心智圖**，這樣很容易訂錯主題，或寫入太多瑣碎細節，或無法及時發現自己抓錯重點了。

第一步　閱讀文章

初學者請務必先瀏覽完一整個段落後，再回頭進行圈選重點，否則容易圈選出太多不重要的文字。在這一步時就察覺到某些段落不符合閱讀目的話，第二步時就可以直接忽略這些段落不看。

第二步　圈選關鍵字詞

不是看一句話，馬上就圈選關鍵字詞。要閱讀到句點處，再思考一下，圈選出剛剛這一段話的關鍵字詞。

第三步　畫出心智圖

不是要你把剛剛圈選出的關鍵字詞，直接都全部寫在心智圖上。必須看著這些關鍵字詞，根據你的閱讀目的，然後再度思考哪些關鍵字詞可以刪除，哪些是一定要保留在心智圖上的。

第一步　閱讀文章

6-2 表達論點、描述方法

成功的廣告也有一些共同的特點：目標鎖定在自己特定想要的族群。如果有一個廣告所提供的意義對律師有吸引力，那麼它就會刊登在法律報紙或雜誌上。如果你的產品對水管工人具有吸引力，那就應該登載在針對水管工人所出版的刊物上。選對正確的廣告物，可以快速地得到回應，當然也能找到合作者及客戶。

放置吸引人的圖片解說或照片，這樣讀者才會有興趣仔細閱讀，並且有深入了解的意願。

記住，注意力太過集中在產品銷售的廣告可能會得不償失。即使是以銷售產品為主要目的的廣告，也應該考慮因廣告效果而銷售所得到的利潤，是否能夠收支平衡。

著重宣傳賺錢機會的廣告會有物超所值的效果。你要知道吸引一個加入者的價值是多少，並且計算一個廣告要能吸引多少個加入者才值得。

也可考慮一個同樣能吸引大量目光的小廣告，有些兩到三頁設計出色的廣告會比某些大廣告更醒目有效。生動的黑白廣告有時候可能與彩色版廣告擁有一樣的效果。

在一個特定雜誌上長期刊登，可以增加公司的可信度。雖然可能會吸引新的讀者和潛在的客戶，他們可能最終會意識到價值所在，但是如果你後來的廣告都不如第一次有吸引力時，那就會有反效果。

尋找提供讀者回函的出版物，他們會邀請讀者回信來討論一些他們認為有趣的廣告，而這樣的服務可以降低廣告費用。

提供一個免費的新聞稿資訊或其他服務，這樣可以鼓勵讀者的參與。在讀者們的回應電話數量增加後，就可隨時準備行動。

尋找剩餘可以做廣告的小空間來降低廣告成本。你可以等某些出版物把剩下最後的廣告空間賣給你，當然就可以得到相當不錯的折扣。

——《網絡銷售王朝》，93～95頁，喬．魯比諾著，晨星出版

第二步 圈選關鍵字詞

本篇文章一開頭的這兩個字——特點——就是全文主軸，所以這是一篇論點式的文章，閱讀時要把注意力放在那些特點上（都是概念性、抽象的文字），而不是敘述的舉例上。

成功的廣告也有一些共同的特點：

目標鎖定在自己特定想要的族群。如果有一個廣告所提供的意義對律師有吸引力，那麼它就會刊登在法律報紙或雜誌上。如果你的產品對水管工人具有吸引力，那就應該登載在針對水管工人所出版的刊物上。選對正確的廣告物，可以快速地得到回應，當然也能找到合作者及客戶。

放置吸引人的圖片解說或照片，這樣讀者才會有興趣仔細閱讀，並且有深入了解的意願。

記住，注意力太過集中在產品銷售的廣告可能會得不償失。即使是以銷售產品為主要目的的廣告，也應該考慮因廣告效果而銷售所得到的利潤，是否能夠收支平衡。

著重宣傳賺錢機會的廣告會有物超所值的效果。你要知道吸引一個加入者的價值是多少，並且計算一個廣告要能吸引多少個加入者才值得。

也可考慮一個同樣能吸引大量目光的小廣告，有些兩到三頁設計出色的廣告會比某些大廣告更醒目有效。生動的黑白廣告有時候可能與彩色版廣告擁有一樣的效果。

在一個特定雜誌上長期刊登，可以增加公司的可信度。雖然可能會吸引新的讀者和潛在的客戶，他們可能最終會意識到價值所在，但是如果你後來的廣告都不如第一次有吸引力時，那就會有反效果。

尋找提供讀者回函的出版物，他們會邀請讀者回信來討論一些他們認為有趣的廣告，而這樣的服務可以降低廣告費用。

提供一個免費的新聞稿資訊或其他服務，這樣可以鼓勵讀者的參與。在讀者們的回應電話數量增加後，就可隨時準備行動。

尋找剩餘可以做廣告的小空間來降低廣告成本。你可以等某些出版物把剩下最後的廣告空間賣給你，當然就可以得到相當不錯的折扣。

第三步　畫出心智圖

通常作者寫文章時是先訂出文章架構，再布局每一個段落的內容。如果我們依照文章段落來畫出主脈數量，就是落入了見樹不見林的盲點中。初學者很容易以為一個段落就是一條主脈。

應該先把每一個段落大意找出後，再把相同概念的段落合併成一條脈絡，這就是文章架構，心智圖也就能呈現出了作者所表達的思考層次與思考脈絡。

⊙第一條脈：鎖定目標，針對讀者群，寫文稿。

⊙第二條脈：放置吸引人的圖片。

⊙第三條脈：著重賺錢機會。

⊙第四條脈：長期刊登，提高可信度。

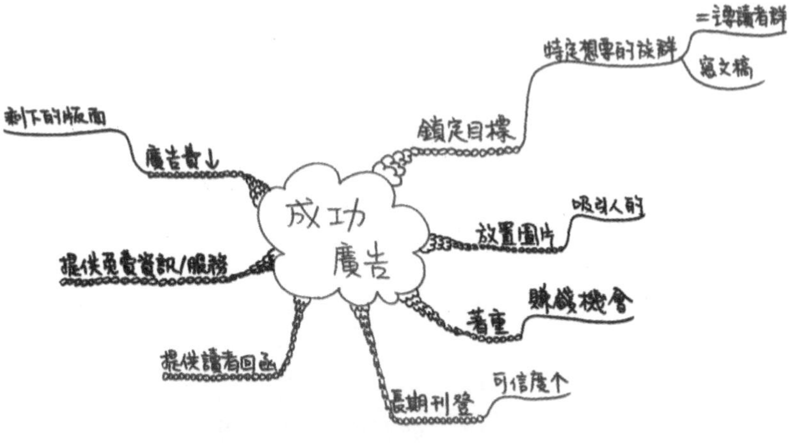

▲ 文字型心智圖：成功廣告的特點

⊙第五條脈：提供讀者回函。
⊙第六條脈：免費提供資訊服務。
⊙第七條脈：剩下的版面較便宜。

凡牽涉到動作類的文字，腦中很容易產生該動作的圖像，因此運用「心像法」，畫出腦中第一時間的直覺所產生的圖象，這種「運用意義來轉圖像」最簡單了。轉圖像的重點是「不要逐字逐句」，而是懂得「換句話說」，只要意義一樣，不要執著於原來的文字組合，比較容易想像出畫面。將抽象文字轉成具象畫面，除了刺激創造力外，還可以培養我們對於生活周遭人事物的賞析與豐富五感體驗，進而對生活有更多美學上的建構能力。

⊙第一條脈：鎖定目標，針對讀者群，寫文稿。↓一個人對著頭上有蘋果靶的目標讀者寫文稿。
⊙第二條脈：放置吸引人的圖片。↓一個人盯著一張圖片。
⊙第三條脈：著重賺錢機會。↓一個人拿著放大鏡盯著錢愈變愈多。

⊙第四條脈：長期刊登，提高可信度。↓一月一日的日曆上有一顆心，十二月三十一日的日曆上有三顆心。

⊙第五條脈：提供讀者回函。↓一張回函。

⊙第六條脈：免費提供資訊服務。↓書代表資訊，工具代表服務。

⊙第七條脈：剩下的版面較便宜。↓一本雜誌上最後一個版面的金錢符號較少。

▲ **圖解型心智圖：成功廣告的特點**

（結合心像法轉圖像、插圖）

6-3 小說對話

人物介紹、歷史事件、自傳、回憶錄、小說、寓言、神話……都屬於故事性文章，故同樣先從「人事時地物因果（5W1H）」的角度來選擇關鍵字詞。先依照時間軸或各事件為分類（主脈），再把各事件的詳細特點一一置入支脈中。

切記，**「人事時地物因果」是用來抓取關鍵字詞時的思考角度，千萬不能用來當主脈，否則就會破壞各事件之間的關聯性與結構性。**抓關鍵字詞只是閱讀的第一個層次，能用心智圖好好掌握各關鍵字詞間的邏輯關係，才算達成閱讀的第二個層次。

第一步 閱讀文章

黃牙一聽見有貓逼近的腳步聲，立刻嘶吼起來。但火掌卻查覺到她的慌張。母貓勉強自己站起身體。「再會了，謝謝你的大餐。」她試圖靠三條腿一拐一拐地走，但實在痛得難受，臉部也開始抽搐。「天啊！這條腿都坐僵了！」

為時已晚，她哪裡也去不了了。林子裡竄出幾個身影，沒一會兒，就把火掌和黃牙給團團圍住。火掌認出他們是虎爪、暗紋、柳皮和藍星，四隻貓都精瘦而結實。火掌聞到黃牙身上散發出的恐懼氣味。

灰掌緊跟在後，他跳出灌木叢，站在這些戰士旁邊。

火掌匆忙和他的夥伴打招呼，但只有灰掌理他。「嗨，火掌！」他喊道。

「安靜！」虎爪吼著。

火掌瞪著黃牙，心裡七上八下。到現在他還聞得到她身上的恐懼，但這隻渾身髒汙的母貓顯然不肯認輸，依舊用挑釁的眼神瞪著他們。

「火掌？」藍星的語調既冰冷又謹慎。「這裡怎麼了？有敵營的戰士……而且才剛吃飽？從你們身上的氣味就聞得出來。」她瞪著他，火掌趕緊低下頭。

「她又餓又虛弱……」他開口說道。

「那你呢？難道你也餓到得先餵飽自己，再去幫部族收集獵物嗎？」藍星繼續說，「我想你會打破這條規定，應該是有什麼好理由吧？」

火掌不敢輕忽族長軟中帶硬的語調。藍星很生氣，而且氣得有道理。火掌把身體壓得更低了。

他正要開口，虎爪的吼聲就出現了：「寵物貓就是寵物貓，改不了的！」

藍星沒理會虎爪，反倒看向黃牙。突然她露出驚訝的表情。「哦——火掌，你幫我逮到一隻影族的貓了，而且還是我認識的。妳是影族的巫醫，不是嗎？」她對黃牙說，「妳為什麼大老遠跑來雷族的地盤呢？」

「我以前是影族的巫醫，但現在我選擇獨來獨往。」黃牙斷聲說道。

火掌聽了很訝異。他沒聽錯吧？黃牙以前是影族的巫醫。八成是她身上的惡臭掩蓋了影族的氣味。要是知道她是影族的貓，他會再跟她多戰幾回。

「黃牙！」虎爪嘲弄地說，「看來妳過得很悽慘，不然怎麼會被一個新手打得落花流水的！」

這時暗紋開口了。「那隻老貓根本沒什麼用處，我們現在就可以把她給殺了。至於這隻寵物貓，竟敢違背戰士守則，去餵敵營的戰士，當然得接受處罰。」

「把你的爪子收起來，暗紋。」藍星冷靜地說，「所有貓族都知道黃牙有膽識、有智慧，或許聽聽她怎麼說，對我們會有些幫助。走吧，我們先把她帶回營地，再決定如何處置她……還有火掌。妳能走嗎？」她問黃牙。「需要幫忙嗎？」

「我還有三條腿呢。」這隻灰斑母貓啐了一口，一拐一拐地往前走。

火掌看得出黃牙眼中痛苦的神情，但她似乎不願讓他們看出她的弱點。他也注意到藍星轉身帶領他們穿過林子前，曾不經意地流露出尊崇的眼神。其他戰士也各就各位，站在黃牙兩側，小心押解著她離去。

火掌和灰掌走在隊伍最後面。

「你聽過黃牙嗎？」火掌低聲問灰掌。

「聽過一點，聽說她在擔任巫醫前，曾是戰士，這一點很不尋常。不過我真的想不透，她怎麼會成為獨行貓？她這一輩子都住在影族的領土啊。」

「什麼是獨行貓？」

灰掌看看他。「獨行貓就是不屬於任何一族，也不屬於兩腳獸，虎爪說這種貓最不可靠，自私自利。他們通常住在兩腳獸的住處附近，誰都管不住他們，他們會自己找食物吃。」

「要是藍星不要我了，我恐怕就會成為獨行貓。」火掌說。

「藍星處事很公正，」灰掌再三向他保證，「她不會趕你走的，她現在肯定很高興逮到這隻重量級的影族貓。我敢說，她不會怪你拿獵物餵這隻渾身是病的老貓。」

「可是他們老是抱怨獵物太少，唉，我幹嘛去吃那隻老鼠呢？」火掌感到很羞愧。

「這個嘛——」灰掌輕推他的朋友，「誰叫你這麼鼠腦袋！你的確違反了戰士守則，不過沒有誰是完美的。」

火掌沒有答腔，只是心情沉重地跟在隊伍後面。這是他第一次單獨出任務，哪知道結果和他當初料想的完全不一樣。

——《貓戰士十週年紀念版—首部曲之一：荒野新生》，99～102頁，艾琳．杭特著，晨星出版

第二步 圈選關鍵字詞

不同閱讀目的下，就該抓不一樣的重點。這篇文章用字遣詞相當精妙，有助於培養作文能力，想要提升修辭能力的人在閱讀時可留意一下這部分。

黃牙一聽見有貓逼近的腳步聲，立刻嘶吼起來。但火掌卻查覺到她的慌張。母貓勉強自己站起身體。「再會了，謝謝你的大餐。」她試圖靠三條腿一拐一拐地走，但實在痛得難受，臉部也開始抽搐。「天啊！這條腿都坐僵了！」

為時已晚，她哪裡也去不了了。林子裡竄出幾個身影，沒一會兒，就把火掌和黃牙給團團圍住。火掌認出他們是虎爪、暗紋、柳皮和藍星，四隻貓都精瘦而結實。火掌聞到黃牙身上散發出的恐懼氣味。

灰掌緊跟在後，他跳出灌木叢，站在這些戰士旁邊。

火掌匆忙和他的夥伴打招呼，但只有灰掌理他。「嗨，火掌！」他喊道。

「安靜！」虎爪吼著。

火掌瞪著黃牙，心裡七上八下。到現在他還聞得到她身上的恐懼，但這隻渾身髒汙的母貓顯然不肯認輸，依舊用挑釁的眼神瞪著他們。

「火掌？」藍星的語調既冰冷又謹慎。「這裡怎麼了？有敵營的戰士……而且才剛吃飽？從你們身上的氣味就聞得出來。」她瞪著他，火掌趕緊低下頭。

「她又餓又虛弱……」他開口說道。

「那你呢？難道你也餓到得先餵飽自己，再去幫部族收集獵物嗎？」藍星繼續說，「我想你會打破這條規定，應該是有什麼好理由吧？」

火掌不敢輕忽族長軟中帶硬的語調。藍星很生氣，而且氣得有道理。火掌把身體壓得更低了。

他正要開口，虎爪的吼聲就出現了：「寵物貓就是寵物貓，改不了的！」

藍星沒理會虎爪，反倒看向黃牙。突然她露出驚訝的表情。「哦——火掌，你幫我逮到一隻影族的貓了，而且還是我認識的。妳是影族的巫醫，不是嗎？」她對黃牙說，「妳為什麼大老遠跑來雷族的地盤呢？」

「我以前是影族的巫醫，但現在我選擇獨來獨往。」黃牙嘶聲說道。

火掌聽了很訝異。他沒聽錯吧？黃牙以前是影族的巫醫。八成是她身上的惡臭掩蓋了影族的氣味。要是知道她是影族的貓，他會再跟她多戰幾回。

「黃牙！」虎爪嘲弄地說，「看來妳過得很悽慘，不然怎麼會被一個新手打得落花流水的！」

這時暗紋開口了。「那隻老貓根本沒什麼用處，我們現在就可以把她給殺了。至於這隻寵物貓，竟敢違背戰士守則，去餵敵營的戰士，當然得接受處罰。」

「把你的爪子收起來，暗紋。」藍星冷靜地說，「所有貓族都知道黃牙有膽識、有智慧，或許聽聽她怎麼說，對我們會有些幫助。走吧，我們先把她帶回營地，再決定如何處置她……還有火掌。妳能走嗎？」她問黃牙。「需要幫忙嗎？」

「我還有三條腿呢。」這隻灰斑母貓啐了一口，一拐一拐地往前走。

火掌看得出黃牙眼中痛苦的神情，但她似乎不願讓他們看出她的弱點。他也注意到藍星轉身帶領他們穿過林子前，曾不經意地流露出尊崇的眼神。其他戰士也各就各位，站在黃牙兩側，小心押解著她離去。

火掌和灰掌走在隊伍最後面。

「你聽過黃牙嗎？」火掌低聲問灰掌。

「聽過一點，聽說她在擔任巫醫前，曾是戰士，這一點很不尋常。不過我真的想不透，她怎麼會成為獨行貓？她這一輩子都住在影族的領土啊。」

「什麼是獨行貓？」

灰掌看看他。「獨行貓就是不屬於任何一族，也不屬於兩腳獸，虎爪說這種貓最不可靠，自私自利。他們通常住在兩腳獸的住處附近，誰都管不住他們，他們會自己找食物吃。」

「要是藍星不要我了，我恐怕就會成為獨行貓。」火掌說。

「藍星處事很公正，」灰掌再三向他保證，「她不會趕你走的，她現在肯定很高興逮到這隻重量級的影族貓。我敢說，她不會怪你拿獵物餵這隻渾身是病的老貓。」

「可是他們老是抱怨獵物太少，唉，我幹嘛去吃那隻老鼠呢？」火掌感到很羞愧。

「這個嘛——」灰掌輕推他的朋友，「誰叫你這麼鼠腦袋！你的確違反了戰士守則，不過沒有誰是完美的。」

火掌沒有答腔，只是心情沉重地跟在隊伍後面。這是他第一次單獨出任務，哪知道結果和他當初料想的完全不一樣。

第三步　畫出心智圖

當描述故事的方式是一來一往的對話時，常難倒很多人，不知道主脈要用什麼比較好。這時還是回到說故事的基本敘述方式——什麼人做什麼事情，故用「人物」當主脈，依照「時間順序」以順時針方式畫，這樣就可以忠實呈現故事的演變過程。

⊙第一段到第二段：第一段描述黃牙，第二段描述黃牙被圍住的情況，故把兩段合併成第一條脈。

⊙第三段到第五段：描述灰掌、火掌、虎爪三者互動過程，依照時間順序寫出第二條脈。

⊙第六段到第十三段：描述藍星說話的內容跟

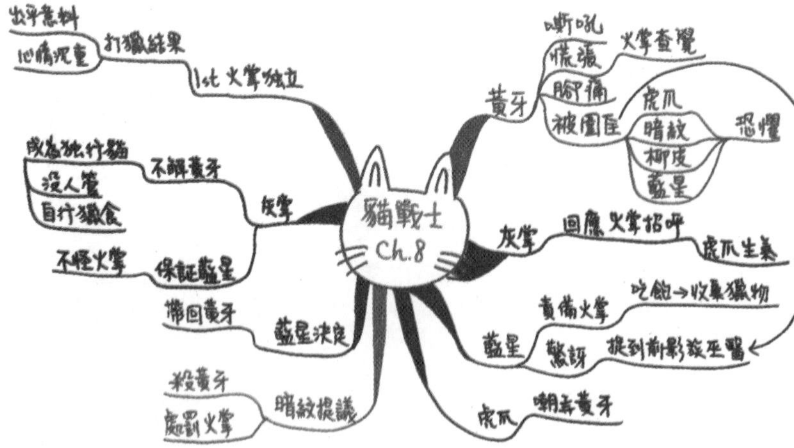

▲ 文字型心智圖：《貓戰士首部曲之一：荒野新生》第八章

所帶出的事實，畫出第三條脈。

⊙第十四段：描述虎牙，畫成第四條脈。

⊙第十五段：描述暗紋，畫成第五條脈。

⊙第十六段：描述藍星的決定，畫成第六條脈。

⊙第十七段到第二十七段：描述火掌心中想法，畫成第七條脈。

⊙第二十八段：描述火掌對這一次事件的最後想法，畫成第八條脈。

故事的演變過程很容易在腦中形成圖像，而直接把腦中直覺印象畫下來，就是「心像法」。每個人的「心像」都不一樣，以下我們用圖像來取代文字，讓這張心智圖更有趣，也讓版面更為精簡——只要依照時間序把人物的每個行為直接畫出來就行了。畫心智圖時千萬要小心，別只顧著畫漫畫，而忽略了要依照情節來呈現故事脈絡。

對照112頁的文字型心智圖，你就會知道我是怎麼畫出114頁的圖解型心智圖了。

⊙第一條脈的圖解↓分別以貓名來轉成圖像，一群貓圍住黃牙貓，黃牙貓腳滴血。

⊙第二條脈的圖解↓把灰掌、火掌、虎爪的互動內容，直接畫下來。

⊙第三條脈的圖解↓藍色星星責備火紅色手掌貓吃了老鼠。黃牙貓帶手銬表示被抓。頭插著草，地上有影子，表示影族巫醫身分。

⊙第四條脈的圖解↓虎爪貓大笑，箭頭指向黃牙貓。

⊙第五條脈的圖解↓暗紋貓拿刀子，箭頭指向黃牙貓。

⊙第六條脈到第八條脈的圖解↓這邊的內容我想應該不用說明，對照文字型心智圖，你自己就能看懂。

▲ **圖解型心智圖：《貓戰士首部曲之一：荒野新生》第八章**

（結合心像法、諧音法轉圖像）

6-4 描述故事

第一步 閱讀文章

當諸神與巨人相繼出現時，戰爭就隨即發生了。巨人與諸神從冰中誕生，但巨人們因為受到河中劇毒的侵蝕，生性十分邪惡、粗暴。而諸神自是擁護正義，正與邪這兩股極端的勢力自然無法共存。尤彌兒一看見普里，立刻從心中湧起一股強大深沉的厭惡感，他無法忍受和普里共同處在同一個世界裡。於是尤彌兒立下了一個可怕的誓言，他發誓，他和普里兩個人，除非有一個人被擊倒，成了冰上永恆的長眠者，否則雙方的戰火將永不歇止。在尤彌兒的挑釁之下，巨人族和諸神間的激烈戰爭就此展開了。後來，普里受到尤彌兒的致命一擊，倒在廣大的冰原上氣絕而亡。巨人尤彌兒得到了勝利。

幸好在這之前，普里已先娶了密米爾的具絲特拉為妻，並產下一子，名叫勃爾（Bor）。勃爾是神族和巨人族通婚下產下的孩子。他就是諸神之王——三柱神的父親。勃爾後來和巨人族的蓓絲特結婚，生下了三柱神——歐丁（Odin）、威利（Vili）和菲（Ve）。而歐丁後來甚至成為諸神之王，統治了全世界。

三柱神為了報祖父普里被殺之仇，繼續挑起戰火，誓殺尤彌兒。經過一場震撼宇宙的激戰之後，三柱神終於聯手將巨人尤彌兒殺死：歐丁用他的長槍刺穿尤彌兒的胸膛，雖然尤彌兒拚命抵抗，但終究難逃一死。他倒地時發出淒厲的哀號，而不斷噴湧而出的鮮血，匯成一片汪洋血海。失去首領的巨人們四散逃竄，但終究都被這片血海給淹沒溺斃了，只有一對巨人男女——名叫培爾蓋爾的男巨人和妻子乘著類似石臼的小船，游過一股又一股血浪，千辛萬苦逃向世界的另一端，在海的另一邊喬登海姆（Jotunheim）定居下來，建立了巨人國，並產下「霜之巨人」的後代。他們夫妻總是懷恨叨唸著：「都是諸神害我們不得不遷居在這又冷又寂寞的世界，諸神真是可恨透了！」「霜之巨人」的後代在這股對諸神強大的恨意下成長，自然將諸神當成仇敵。巨人國的巨人們皆立誓永遠與諸神為敵，干戈就此不歇。

在打倒巨人尤彌兒，並驅逐巨人後代的諸神們，終日面對無垠的大宇宙，開始厭倦這既無天空、陸地和日月星辰的廣大空間。他們夢想要創造一個理想的世界。有一天，歐丁對威利和菲說：「我們必須創造一個安定的世界，我想利用巨人尤彌兒的身體來造世界，你們認為如何？」在威利和菲的贊同下，三人便開始創造天地的計畫。

首先，他們偷來尤彌兒的身體，將它放在金倫加鴻溝上當作大地。之後又以尤彌兒的血造出海洋和河川，再以骨骼造山，用下巴和粉碎的骨頭鑿成蒼穹，以腦髓造成雲朵，並有霰和雪堆積其中。由於尤彌兒的頭蓋骨只是向上拋出，很可能會在某時掉落下來，於是三柱神便派了東、西、南、北四個擁有怪力的侏儒分別到世界的四個角落去，以肩膀來撐住蒼穹。

巨人尤彌兒的眉毛被造成牆壁用來圍住「中間世界（Midgard）」，這世界位於尼福爾海姆和穆斯貝爾海姆之間。三柱神就這樣創造了天地，這是一個有形的世界。世界形成了，不過由於缺乏光線，到處都是一片黑暗。於是歐丁便捕取從火焰國——穆斯貝爾海姆飛來的火焰，將它拋散在天上，懸於虛空中。一朵朵的火花變成了星星。世界終於有了光亮。三柱神又在火花中挑了兩個最大的拋向天際，形成了太陽和月亮。星星、月亮和太陽循著各自的軌道運行，調整晝夜，決定了四季的順序。三柱神同時由其軌道運行發明了計算年、月、日的方法。太陽以柔和的光芒照耀著大地，各種花草樹木都開始發芽生長。

當諸神們忙著建造世界，創造天空、大地、太陽、星星和月亮時，尤彌兒的肉體開始腐爛，長出蛆，這些後來都變成了侏儒。這些侏儒分成兩種，一種是黑侏儒，他們狡猾又愛說謊，諸神拿他們沒辦法，只好將他們趕到世界異常寒冷的角落去。而另一種則是白侏儒，他們個性溫和，而且長得非常好看，諸神便將他們送到位於大地和天空的世界去，白侏儒深受諸神寵愛，偶爾會來大地照顧花草樹木，和蝴蝶蜜蜂一同嬉戲，他們歡愉地在草間花間如微風般輕舞。白侏儒在陽光的照耀下，皮膚會散發一股迷人的白色光芒，因此他們又被稱為「光線侏儒」。這些迷人的生物後來被人類稱為「精靈」。人們相信精靈守護大自然的花草樹木。

歐丁創造了世界之後，又想為諸神建造居所。於是諸神們先開會一同宣誓：「神國中不准有紛亂、爭吵。神所在之處不可以有血；神國必須永遠充滿和諧寧靜。」諸神在宣誓並達成協議後便一同建造一座打鐵工廠，製造了許多工具。諸神便利用這些工具，在高高的天空、綠油油的草原以及水晶般清澈的河水旁，建造了黃金之屋、白銀之家。諸神把這裡稱為阿斯嘉特（Asgard）。

——《北歐神話故事》，15～18頁，白蓮欣、凱特琳著，好讀出版社

第二步　圈選關鍵字詞

整篇內容是講述天地被創造的過程，作者加入許多文學性的語句，我會把這個部分全數忽略掉。

因為各角色之間的關係錯綜複雜，很容易遇到不知道要怎麼分類的問題，這時別忘了回到你的閱讀目的再想一想。其中各角色間的關係或許是重要的，也可能只是作者附帶的

說明而已，最核心的關鍵點依然是在於掌握每個事件最後的結果。

這是一個較長篇的故事，先就內容的意義來分出幾個大段落：

⊙第一段：神與巨人兩方正邪不兩立，巨人尤彌兒殺了神普里。

⊙第二段：三柱神的族譜。

⊙第三段：三柱神殺尤彌兒。

⊙第四段：描述三柱神如何進行創造天地的計畫。

⊙第五段：建造神的居所。

第一段：神與巨人兩方正邪不兩立，巨人尤彌兒殺了神普里

當諸神與巨人相繼出現時，戰爭就隨即發生了。巨人與諸神從冰中誕生，但巨人們因為受到河中劇毒的侵蝕，生性十分邪惡、粗暴。而諸神自是擁護正義，正與邪這兩股極端的勢力自然無法共存。尤彌兒一看見普里，立刻從心中湧起一股強大深沉的厭惡感，他無法忍受和普里共同處在同一個世界裡。於是尤彌兒立下了一個可怕的誓

言，他發誓，他和普里兩個人，除非有一個人被擊倒，成了冰上永恆的長眠者，否則雙方的戰火將永不歇止。在尤彌兒的挑釁之下，巨人族和諸神間的激烈戰爭就此展開了。後來，普里受到尤彌兒的致命一擊，倒在廣大的冰原上氣絕而亡。巨人尤彌兒得到了勝利。

第二段：三柱神的族譜

幸好在這之前，普里已先娶了密米爾的貝絲特拉為妻，並產下一子，名叫勃爾（Bor）。勃爾是神族和巨人族通婚下產下的孩子。他就是諸神之王——三柱神的父親。勃爾後來和巨人族的蓓絲特結婚，生下了三柱神——歐丁（Odin）、威利（Vili）和菲（Ve）。而歐丁後來甚至成為諸神之王，統治了全世界。

第三段：三柱神殺尤彌兒

三柱神為了報祖父普里被殺之仇，繼續挑起戰火，誓殺尤彌兒。經過一場震撼宇宙的激戰之後，三柱神終於聯手將巨人尤彌兒殺死：歐丁用他的長槍刺穿尤彌兒的胸膛，雖然尤彌兒拚命抵抗，但終究難逃一死。他倒地時發出淒厲的哀號，而不斷噴湧而出的鮮血，匯成一片汪洋血海。失去首領的巨人們四散逃竄，但終究都被這片血海給淹沒溺斃了，只有一對巨人男女——名叫培爾蓋爾的男巨人和妻子乘著類似石臼的小船，游過一股又一股血浪，千辛萬苦逃向世界的另一端，在海的另一邊喬登海姆（Jotunheim）定居下來，建立了巨人國，並產下「霜之巨人」的後代。他們夫妻總是懷恨叨唸著：「都是諸神害我們不得不還居在這又冷又寂寞的世界，諸神真是可恨透了！」「霜之巨人」的後代在這股對諸神強大的恨意下成長，自然將諸神當成仇敵。巨人國的巨人們皆立誓永遠與諸神為敵，干戈就此不歇。

第四段：描述三柱神如何進行創造天地的計畫

在打倒巨人尤彌兒，並驅逐巨人後代的諸神們，終日面對無垠的大宇宙，開始厭倦這既無天空、陸地和日月星辰的廣大空間。他們夢想要創造一個理想的世界。有一天，歐丁對威利和菲說：「我們必須創造一個安定的世界，我想利用巨人尤彌兒的身體來造世界，你們認為如何？」在威利和菲的贊同下，三人便開始創造天地的計畫。

首先，他們偷來尤彌兒的身體，將它放在金倫加鴻溝上當作大地。之後又以尤彌兒的血造出海洋和河川，再以骨骼造山，用下巴和粉碎的骨頭鑿成蒼穹，以腦髓造成雲朵，並有霰和雪堆積其中。由於尤彌兒的頭蓋骨只是向上拋出，很可能會在某時掉落下來，於是三柱神便派了東、西、南、北四個擁有怪力的侏儒分別到世界的四個角落去，以肩膀來撐住蒼穹。

巨人尤彌兒的眉毛被造成牆壁用來圍住「中間世界（Midgard）」，這世界位於尼福爾海姆和穆斯貝爾海姆之間。三柱神就這樣創造了天地，這是一個有形的世界。世界形成了，不過由於缺乏光線，到處都是一片黑暗。於是歐丁便捕取從火焰國——穆斯貝爾海姆飛來的火焰，將它拋散在天上，懸於虛空中。一朵朵的火花變成了星星。世界終於有了光亮。三柱神又在火花中挑了兩個最大的拋向天際，形成了太陽和月亮。星星、月亮和太陽循著各自的軌道運行，調整晝夜，決定了四季的順序。三柱神同時由其軌道運行發明了計算年、月、日的方法。太陽以柔和的光芒照耀著大地，各種花草樹木都開始發芽生長。

當諸神們忙著建造世界，創造天空、大地、太陽、星星和月亮時，尤彌兒的肉體開始腐爛，長出蛆，這些後來都變成了侏儒。這些侏儒分成兩種，一種是黑侏儒，他們狡猾又愛說謊，諸神拿他們沒辦法，只好將他們趕到世界異常寒冷的角落去。而另一種則是白侏儒，他們個性溫和，而且長得非常好看，諸神便將他們送到位於大地和天空的世界去，白侏儒深受諸神寵愛，偶爾會來大地照顧花草樹木，和蝴蝶蜜蜂一同嬉戲，他們歡愉地在草間花間如微風般輕舞。白侏儒在陽光的照耀下，皮膚會散發一股迷人的白色光芒，因此他們又被稱為「光線侏儒」。這些迷人的生物後來被人類稱為「精靈」。人們相信精靈守護大自然的花草樹木。

第五段：建造神的居所

歐丁創造了世界之後，又想為諸神建造居所。於是諸神們先開會一同宣誓：「神國中不准有紛亂、爭吵。神所在之處不可以有血；神

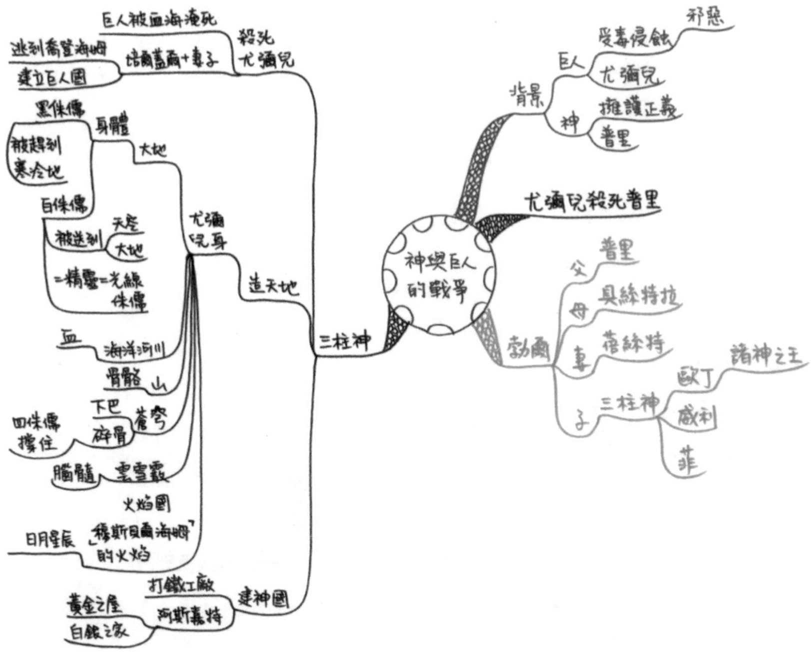

▲ 文字型心智圖：諸神與巨人的戰爭

國必須永遠充滿和諧寧靜。」諸神在宣誓並達成協議後便一同建造一座打鐵工廠，製造了許多工具。諸神便利用這些工具，在高高的天空、綠油油的草原以及水晶般清澈的河水旁，建造了黃金之屋、白銀之家。諸神把這裡稱為阿斯嘉特（Asgard）。

第三步　畫出心智圖

123頁「諸神與巨人的戰爭」我用文字型心智圖來呈現，這一張三柱神的背景則用「系統圖」呈現。有些讀者讀到創造天地的段落時，腦中自然產生身體各部位變成天地的情境畫面，那就把整個情境直接放進來吧！

故事性文章很適合運用「心像法」轉圖像的方式來畫，但很多人害怕畫圖，以為畫圖能力要很好

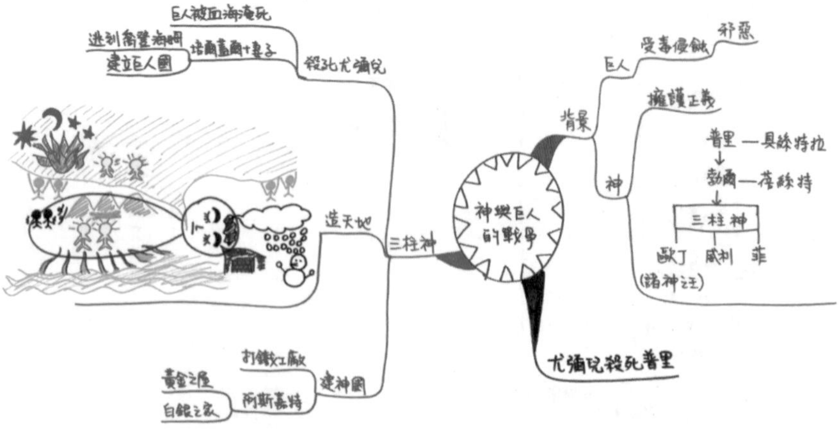

▲ **圖解型心智圖：諸神與巨人的戰爭**
（結合心像法轉圖像、系統圖、插圖）

才行，尤其是隨著年紀增加，越來越不敢隨手塗鴉，怕畫出來的圖不好看會很丟臉。其實美術功力只要跟本書範例一樣，有幼稚園的程度就行了，因為這張心智圖是給自己看的，不用去管別人的想法。

手繪心智圖，才能很輕易地創造出獨具個人特色的圖像。手繪技術不難，剛開始一定畫得又醜又慢，多畫幾次就會畫得又快又好。

6-5 寓言故事、說故事行銷

寓言和故事行銷裡的故事，本身就是想傳達某些道理。作者是「用故事包裝道理」，一邊說故事一邊講道理；故事是糖衣，道理是苦藥，**抓出這些道理，重於記住故事情節。**既然閱讀目的是要理解故事所帶來的道理，應該把故事部分都拿掉，只留下道理。讀完這類故事後，可千萬別只能說出：「這是講一隻猴子當老師在講課的故事。」那就糟了。

要了解故事帶來的背後涵義，可根據內容的轉折變化來思考——「為什麼」作者要這麼鋪陳文章？這個「為什麼」，就是作者隱晦不說出的道理。

猴子聰聰在「迷宮」裡是一個很有名氣的人物，據說年輕的時候自己紮了一個竹筏飄洋過海，學了好多好多的本領。

第二天，奇奇帶著從錦毛鼠那裡借來的一大堆乳酪，到了猴子聰聰的屋子。在屋子裡，貓咪東東也正在向猴子聰聰繳納乳酪。

猴子聰聰仔細清點了奇奇和東東的乳酪之後，帶他們進了一間小屋。屋裡有很多很多的書，迎面的牆上有一句話——猴子聰聰改變你的命運！

「奇奇和東東，你們好！」猴子聰聰說道，「你們的乳酪都不錯，明天我也要出去旅遊了。因此，我也不想浪費我的時間和你們的時間。以前我對其他人講三天三夜的東西，也不及下面的話重要。」

「我為什麼能夠改變你們的命運呢？」猴子聰聰指著牆上的話說道，「因為你們現在是我的入門弟子，只要是我的入門弟子，就可以進入『迷宮』的主流社會，就有機會動別人的大乳酪。從此你們不再是『迷宮』的普通人，而是『迷宮』的精英！」

「為什麼我的入門弟子就是精英呢？」猴子聰聰開始進入意氣風發的演講狀態，「這是我要告訴你們的聰聰規則的第一條——精英都是有證書的。」

聽聽從一個櫃子裡拿出一大堆的證書，繼續說道，「這些證書都是我在海外獲得，它們能夠證明我是世界上一流的精英！『迷宮』裡再也沒有比我證書更多的人了，『迷宮』裡所有的大亨都相信我，相信我也就等於是相信你們。」

猴子聽聽又從櫃子裡拿出兩本證書，給奇奇一本，給東東一本，然後說道，「這是你們用乳酪換到最有價值的東西，這就是你們是我入門弟子的證書。有了這個證書，你們已經改變了你們的命運，你們已經是『迷宮』的精英了！你們再也不用去做幫忙清點乳酪的粗活兒了，你們至少可以去幫大亨們看乳酪，如果你們足夠聰明，甚至可以去幫大亨動別人的乳酪，你們得到的乳酪是遠遠超乎想像的。」

「證書要收好，丟了我是不會免費補給你們的喔。」猴子聽聽仔細叮嚀奇奇和東東。

「下面我要講述聽聽規則的第二條——精英必須去做精英應做的事情！」猴子聽聽開始講述第二條規則，「反過來說，就是很多事情必須是精英去做的，儘管有些事情看起來實在太簡單，簡單得我們都不認為是重要的事情了。」

「難道比清點乳酪更簡單嗎？」奇奇不明白，問道。

「這不是同一種概念。事實上清點乳酪也不是一個簡單的活兒。」猴子聽聽簡單地解釋了一下，繼續往下說，「聽聽規則的第三條——乳酪愈多的地方，愈容易得到乳酪！」

奇奇一下子就明白了第三條規則的意義，「迷宮」的乳酪遠遠多於垃圾場，所以自己才可以天天吃到新鮮的乳酪。

但是東東還無法理解，他對猴子聰聰說道，「所有的乳酪都有人看著呀！愈多的乳酪看的人愈多呀！乳酪愈多的地方，應當更不容易搬動吧。」

「閉嘴！」猴子聰聰不耐煩了，「我的時間很寶貴的，不要耽誤我收拾行李的時間，聰聰規則是絕對正確的，至少在『迷宮』內是正確的。」

猴子聰聰看了奇奇和東東一眼，繼續說道，「證書我已經給你們了；聰聰規則也告訴你們了。這屋子裡有一些書，你們花點時間看看。我剛才的三條規則是最核心的東西，書裡的內容就是解釋我的規則。你們不要浪費太多的時間在這裡，明天你們就去開始你們的新生活吧。記住了，現在你們已經是『迷宮』的精英啦！」

奇奇和東東都沒有想到猴子聰聰這麼快就結束了講話，奇奇以為猴子聰聰會像錦毛鼠一樣給自己講很多很多的道理的，因為自己給了他那麼多的乳酪。而且，除了聰聰規則的第三條自己明白之外，前面兩條他是真的不明白。不過，奇奇認為，如果第三條規則是正確，前面兩條也應當是正確的，只是自己現在不能理解罷了。

東東更是茫然，因為他一條規則都沒有聽懂。為了對得起交給猴子聰聰的乳酪，奇奇和東東只好拚命地看書，試圖彌補一些損失。

奇奇和貓咪東東出了猴子聰聰的屋子，手裡拿著有猴子聰聰簽名的證書，突然變得有些意氣風發，因為他們花了那麼多的乳酪，才換得了這份證書，而且，按照猴子聰聰的說法，他們現在已經是「迷宮」的精英了。

奇奇和東東相互鼓勵，並且約定有機會相互提攜之後，就分手各自回家了。

——《我該搬誰的乳酪？》，59～64頁，何君著，匡邦文化

第二步　圈選關鍵字詞

第一段：猴子聰聰的特點

猴子聰聰在「迷宮」裡是一個很有名氣的人物，據說年輕的時候自己紮了一個竹筏飄洋過海，學了好多好多的本領。

第二段：為什麼要當聰聰的弟子

第二天，奇奇帶著從錦毛鼠那裡借來的一大堆乳酪，到了猴子聰聰的屋子。在屋子裡，貓咪東東也正在向猴子聰聰繳納乳酪。

猴子聰聰仔細清點了奇奇和東東的乳酪之後，帶他們進了一間小屋。屋裡有很多很多的書，迎面的牆上有一句話——猴子聰聰改變你的命運！

「奇奇和東東，你們好！」猴子聰聰說道，「你們的乳酪都不錯，明天我也要出去旅遊了。因此，我也不想浪費我的時間和你們的時間。以前我對其他人講三天三夜的東西，也不及下面的話重要。」

「我為什麼能夠改變你們的命運呢？」猴子聰聰指著牆上的話說道，「因為你們現在是我的入門弟子，只要是我的入門弟子，就可以進入『迷宮』的主流社會，就有機會動別人的大乳酪。從此你們不再是『迷宮』的普通人，而是『迷宮』的精英！」

「為什麼我的入門弟子就是精英呢？」猴子聰聰開始進入意氣風發的演講狀態，「這是我要告訴你們的聰聰規則的第一條——精英都是有證書的。」

聰聰從一個櫃子裡拿出一大堆的證書，繼續說道，「這些證書都是我在海外獲得，它們能夠證明我是世界上一流的精英！『迷宮』裡再也沒有比我證書更多的人了，『迷宮』裡所有的大亨都相信我，相信我也就等於是相信你們。」

猴子聰聰又從櫃子裡拿出兩本證書，給奇奇一本，給東東一本，然後說道，「這是你們用乳酪換到最有價值的東西，這就是你們是我入門弟子的證書。有了這個證書，你們已經改變了你們的命運，你們已經是『迷宮』的精英了！你們再也不用去做幫忙清點乳酪的粗活兒了，你們至少可以去幫大亨們看乳酪，如果你們足夠聰明，甚至可以去幫大亨動別人的乳酪，你們得到的乳酪是遠遠超乎想像的。」

「證書要收好，丟了我是不會免費補給你們的喔。」猴子聰聰仔細叮嚀奇奇和東東。

「下面我要講述聰聰規則的第二條——精英必須去做精英應做的事情！」猴子聰聰開始講述第二條規則，「反過來說，就是很多事情必須是精英去做的，儘管有些事情看起來實在太簡單，簡單得我們都不認為是重要的事情了。」

「難道比清點乳酪更簡單嗎？」奇奇不明白，問道。

「這不是同一種概念。事實上清點乳酪也不是一個簡單的活兒。」猴子聰聰簡單地解釋了一下，繼續往下說，「聰聰規則的第三條——乳酪愈多的地方，愈容易得到乳酪！」

奇奇一下子就明白了第三條規則的意義，「迷宮」的乳酪遠遠多於垃圾場，所以自己才可以天天吃到新鮮的乳酪。

但是東東還無法理解，他對猴子聽聽說道，「所有的乳酪都有人看著呀！愈多的乳酪看的人愈多呀！乳酪愈多的地方，應當更不容易搬動吧。」

「閉嘴！」猴子聽聽不耐煩了，「我的時間很寶貴的，不要耽誤我收拾行李的時間，聽聽規則是絕對正確的，至少在『迷宮』內是正確的。」

猴子聽聽看了奇奇和東東一眼，繼續說道，「證書我已經給你們了；聽聽規則也告訴你們了。這屋子裡有一些書，你們花點時間看看。我剛才的三條規則是最核心的東西，書裡的內容就是解釋我的規則。你們不要浪費太多的時間在這裡，明天你們就去開始你們的新生活吧。記住了，現在你們已經是『迷宮』的精英啦！」

第四段：奇奇能稍微理解聽聽的意思

奇奇和東東都沒有想到猴子聽聽這麼快就結束了講話，奇奇以為猴子聽聽會像錦毛鼠一樣給自己講很多很多的道理的，因為自己給了他那麼多的乳酪。而且，除了聽聽規則的第三條自己明白之外，前面兩條他是真的不明白。不過，奇奇認為，如果第三條規則是正確，前面兩條也應當是正確的，只是自己現在不能理解罷了。

第五段：東東不太明白聽聽的意思

東東更是茫然，因為他一條規則都沒有聽懂。為了對得起交給猴子聽聽的乳酪，奇奇和東東只好拚命地看書，試圖彌補一些損失。

第六段：奇奇跟東東結業回家

奇奇和貓咪東東出了猴子聽聽的屋子，手裡拿著有猴子聽聽簽名的證書，突然變得有些意氣風發，因為他們花了那麼多的乳酪，才換得了這份證書，而且，按照猴子聽聽的說法，他們現在已經是「迷宮」的精英了。

奇奇和東東相互鼓勵，並且約定有機會相互提攜之後，就分手各自回家了。

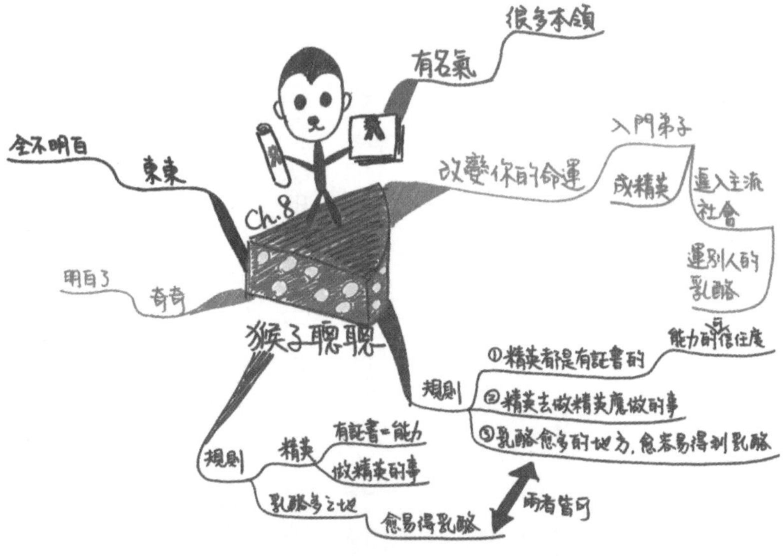

▲ 文字型心智圖：猴子聽聽所說的話

第三步　畫出心智圖

類似「猴子聽聽」這篇文章的故事，通常淺白易懂，故事情節內穿插作者要表達的人生道理，閱讀時務必留意情節的變化處與作者要闡述什麼道理。

最後，這類心智圖上務必列出個人心得。文章並沒有直接告訴我們寓意，但是這類故事常能刺激、引發一些個人感想。

每個人看事情面向絕對會不同，畢竟我們都是用自己過去的經驗來看待現在的事情，個人詮釋與解釋自然會有所不同。個人感想就是寓意，就看你敢不敢想，感想是不會有標準答案的。

畫心智圖可以把故事情節的要點全拿掉，也可以保留一些下來，看你的閱讀目的來決定是否保留。假設我們閱讀的重點不在故事情節變化，而是在「故事中隱含的道理」，畫心智圖時，甚至把故事情節全部拿掉也可以。

總之，就是看你需要什麼樣的重點資訊，來決定心智圖主題的方向。

下頁兩張心智圖都只取了作者想要表達的道理，但兩者的主題方向並不相同，第一張是「如何改變命運」，第二張是「如何成為精英」。

▲ 文字型心智圖：寓意——如何改變命運

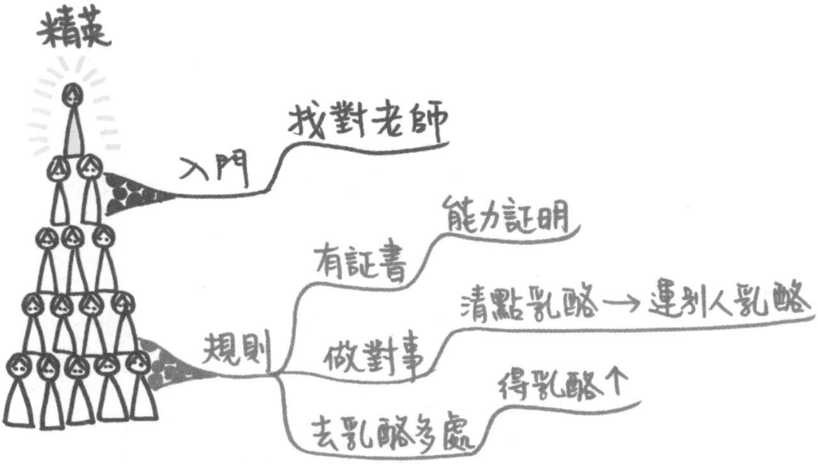

▲ 文字型心智圖：寓意——如何成為精英

6-6 科普理論

會閱讀科普類文章❽的人，必定是想了解該事物或現象的特質或因果關係，故抓重點時要將注意力放在**專有名詞**與專有名詞的**定義**上。接著要掌握**分類**，特徵部分要分成**相同點**與**相異點**（與眾不同處）。

除非你對這方面的知識已經如數家珍了，不然閱讀時最好能像愛因斯坦一樣保有兒童般的好奇心，要把文中所形容的特點都當成是第一次看到一樣圈選起來。

面對科普類的專有名詞千萬要小心。多數人因為常看到某個專有名詞，就以為自己對這個詞的定義很專精。最好測試自己一下，看看能不能用習慣的用語來解釋這個專有名詞，如果不能的話，就表示自己是一知半解的懵懂。

說到這裡，我對於現在國中小學教科書、參考書的編撰有一些意見：這些書把文字量減少，直接給一堆圖形、表格讓學生容易理解，真是一種本末倒置的作法。這種方式直接

❽「科普」是「科學技術普及」的簡稱，又稱「大眾科學」、「普及科學」。

剝奪學生自己消化文字與轉換圖解的能力，就如同現代養豬場直接切碎飼料來餵食以提高生產效率一樣，容易產出消化不良、體質虛弱的小豬；學生則因此失去了自己練習圖解化的成長機會。

第一步 閱讀文章

太陽系由內側到外側，分別有類地型行星（岩石行星）、類木型行星（巨大氣體行星）以及類天王星型行星（巨大冰行星）三種行星。其中水星、金星、地球和火星都屬於「類地行星」，是岩石質地的行星；木星和土星則屬於「類木行星」，其質量大部分的主要成分幾乎都是氣體，而其氣體的主要成分為氫氣和氦氣。雖然天王星和海王星以前也被分在「類木行星」之中，最近則將它們另外分類在「類天王星型行星」的類別當中。這是因為類天王星型行星之中的氣體成分大約只有占其質量的10％不到，而且它的質量中的大部分都是冰（以水、甲烷、氨為主要成分的混合物），因此特別將它們另外分成一類以便區別。另外，由於冥王星在二〇〇六年的時候從行星的行列中剔除，因而被分類到眾多存在於太陽系外圍部分的「海王星外天體」之列。

再者，除了海王星外天體以外，太陽系之中也還是有無數的小行星和彗星等等的小天體存在。

行星的軌道有其共同的特徵：它們的軌道通常都是呈現橢圓形，軌道離心率大概都在0.1以下；除此之外，它們的軌道面幾乎都是成對的，與太陽系的不變面（從行星的公轉運動中算出來的太陽系的基準面）的斜角大約呈6°以下。也就是說，行星的軌道幾乎都存在於同一平面，可以想像成以太陽為中心點的同心圓。然而全部的行星，都面向著同一個方向在軌道上進行公轉。

——《你對宇宙了解多少？》，88～89頁，福江純、粟野諭美著，晨星出版

第二步　圈選關鍵字詞

太陽系由內側到外側，分別有類地型行星（岩石行星）、類木型行星（巨大氣體行星）以及類天王星型行星（巨大冰行星）三種行星。其中水星、金星、地球和火星都屬於「類地行星」，是岩石質地的行星；木星和土星則屬於「類木行星」，其質量大部分的主要成分幾乎都是氣體，而其氣體的主要成分為氫氣和氦氣。雖然天王星和海王星以前也被分在「類木行星」之中，最近則將它們另外分類在「類天王星型行星」的類別當中。這是因為類天王星型行星之中的氣體成分大約只有占其質量的10％

不到，而且它的質量中的大部分都是冰（以水、甲烷、氨為主要成分的混合物），因此特別將它們另外分成一類以便區別。另外，由於冥王星在二〇〇六年的時候從行星的行列中剔除，因而被分類到眾多存在於太陽系外圍部分的「海王星外天體」之列。再者，除了海王星外天體以外，太陽系之中也還是有無數的小行星和彗星等等的小天體存在。

行星的軌道有其共同的特徵：它們的軌道通常都是呈現橢圓形，軌道離心率大概都在0.1以下；除此之外，它們的軌道面幾乎都是成對的，與太陽系的不變面（從行星的公轉運動中算出來的太陽系的基準面）的斜角大約呈6°以下。也就是說，行星的軌道幾乎都存在於同一平面，可以想像成以太陽為中心點的同心圓。然而全部的行星，都面向著同一個方向在軌道上進行公轉。

第三步　畫出心智圖

很適合用數線、箭線圖來製作科普類的圖解。圖解能力沒有一步登天這回事，要熟練後才能快速運用且運用自如。主題訂為「太陽系行星」，依照行星的排列順序，用數線來進行圖解。因海王星外天體並不屬於行星，故我將之放在另一條數線上。行星軌道與太陽不變面呈現6%以下的夾角，我採用「數學XY軸」的概念來呈現這樣的關係。

你應該發現了，「類地型行星」的命名是以「地球」為主，因為我們在地球上生活，以地球為一切的中心；「類木型行星」與「類天王星型行星」分別以第一個位置的木星與天王星來命名。明白命名原則，會更好記下這段內容。

或許有人會想直接把每一顆行星的樣子畫出來，但我還是老話一句，如果你有很多時間可以畫插圖，讓整個心智圖更漂亮、更豐富當然很好，但心智圖本身就是一種圖形，不是非得畫出插圖才行。

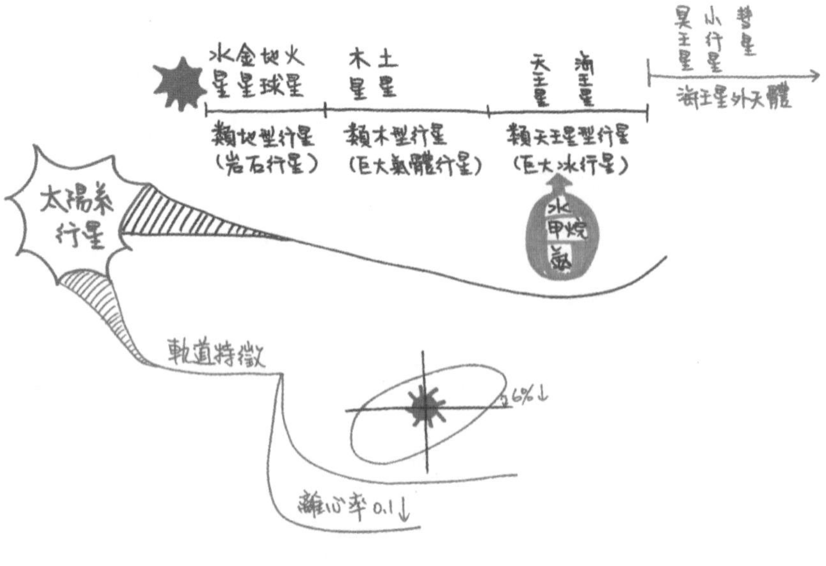

▲ **圖解型心智圖：太陽系的行星種類**
（結合數線）

6-7 操作手冊

像這種需要一步步照著標準步驟來做的閱讀材料，就需要以執行步驟為主脈，後方支脈再一一填上各項變因或工具。

不僅是操作手冊，平時喜歡做菜的人，可以試著把食譜、工具書畫成心智圖，你會發現閱讀起來更一目了然、簡便。

第一步 閱讀文章

小西氏石櫟轉轉陀螺

材料：小西氏石櫟果實1顆；做鐵工用的拉釘1支，五金行可購得；各色標籤貼紙，文具行可購得。

工具：小型磨刻機；6mm套筒夾；6mm木工用鑽頭；熱熔膠槍；銼刀。

開始DIY：果實鑽孔↓插入拉釘↓貼上貼紙

1. 使用磨刻機鑽空貫穿果實的中心。
2. 在孔內注入熱熔膠。
3. 在熱熔膠未乾前插入拉釘。
4. 待熱熔膠乾燥之後，用銼刀磨平拉釘的底部。
5. 在果實表面貼上不同顏色的貼紙。
6. 小西氏石櫟轉轉陀螺完成。

——《動手做自然：果實×種子創作DIY》，153～154頁，鄭一帆著，晨星出版

第二步　圈選關鍵字詞

小西氏石櫟轉轉陀螺

材料：小西氏石櫟果實1顆；做鐵工用的拉釘1支，五金行可購得；各色標籤貼紙，文具行可購得。

工具：小型磨刻機；6㎜套筒夾；6㎜木工用鑽頭；熱熔膠槍；銼刀。

開始DIY：果實鑽孔↓插入拉釘↓貼上貼紙

1. 使用磨刻機鑽空貫穿果實的中心。

2. 在孔內注入熱熔膠。
3. 在熱熔膠未乾前插入拉釘。
4. 待熱熔膠乾燥之後，用銼刀磨平拉釘的底部。
5. 在果實表面貼上不同顏色的貼紙。
6. 小西氏石櫟轉轉陀螺完成。

第三步　畫出心智圖

請見下圖。

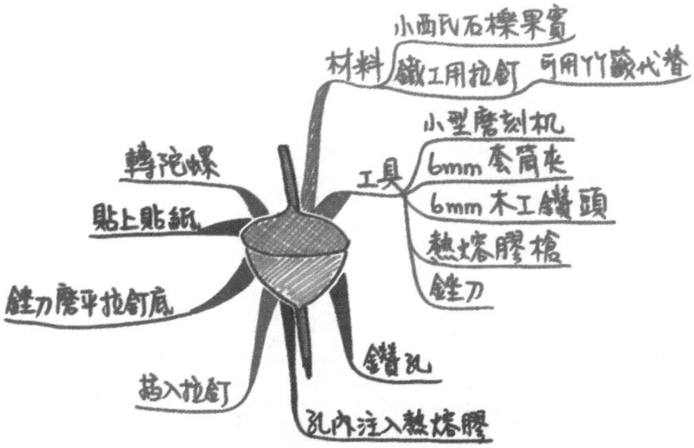

▲ 文字型心智圖：轉轉陀螺的製作說明

6-8 法規條文

學習任何科目都務必先理解後，再來記憶，這才能夠完整作答。因為法條的用字較為生硬，儘量使用「換句話說」的白話解釋來理解內容。相反地，若不理解、光靠死背，不僅背誦時間會增長，考試時一旦遇到要舉實例運用的申論題，也不太容易拿到高分。

但是公務員考試的申論題常需要你儘量依照法條的敘述方式寫下來，這樣分數會高一點，算是非常需要背誦的功夫。面對這類考試題型，建議儘量依照作答方式來繪製心智圖。以下的範例圖要畫成十條主脈，請務必使用原本的詞彙用語，千萬不要用口語方式寫下來，這樣背誦起來效果較好、分數才會高。

如果閱讀文字型心智圖時已經可以背下來的脈絡，就不需要再花時間去一一轉成圖像了。若理解後也難以背誦下來的部分，就需轉成圖像，這樣才會記得久、記得牢。

同樣的關鍵字詞，請統一使用相同的圖像。轉圖像會用到「圖像記憶法」的其中三種方式：心像法、諧音法（從聲音發想去轉成圖像）、曼陀羅法（從意義發想去轉成圖像）。想更深入了解圖像記憶法的話，可閱讀我的另一本著作《心智圖高分讀書法》。

《老人福利法》第一章第四條

下列事項，由中央主管機關掌理：

一、全國性老人福利政策、法規與方案之規劃、釐定及宣導事項。

二、對直轄市、縣（市）政府執行老人福利之監督及協調事項。

三、中央老人福利經費之分配及補助事項。

四、老人福利服務之發展、獎助及評鑑之規劃事項。

五、老人福利專業人員訓練之規劃事項。

六、國際老人福利業務之聯繫、交流及合作事項。

七、老人保護業務之規劃事項。

八、老人住宅業務之規劃事項。

九、中央或全國性老人福利機構之設立、監督及輔導事項。

十、其他全國性老人福利之策劃及督導事項。

《老人福利法》第一章第四條

下列事項，由中央主管機關掌理：

一、全國性老人福利政策、法規與方案之規劃、釐定及宣導事項。

二、對直轄市、縣（市）政府執行老人福利之監督及協調事項。

三、中央老人福利經費之分配及補助事項。

四、老人福利服務之發展、獎助及評鑑之規劃事項。

五、老人福利專業人員訓練之規劃事項。

六、國際老人福利業務之聯繫、交流及合作事項。

七、老人保護業務之規劃事項。

八、老人住宅業務之規劃事項。

九、中央或全國性老人福利機構之設立、監督及輔導事項。

十、其他全國性老人福利之策劃及督導事項。

第三步　畫出心智圖

《老人福利法》是社工師執照考試中的素材，第一章第四條在講述由中央主管機關辦理的事務有哪些，故將「中央主管機關」列入中心主題。整體而言，畫心智圖時儘量把「老人福利」這四個字都省略，因考試不會只考這一條，就算不寫出這四個字，你一定也清楚自己正在整理《老人福利法》。

圖像記憶法的三種轉圖像技巧，將十項中的重點關鍵字都轉成圖像。接著我們依序來看各條脈轉圖像的方法（重複的插圖只解說一次）：

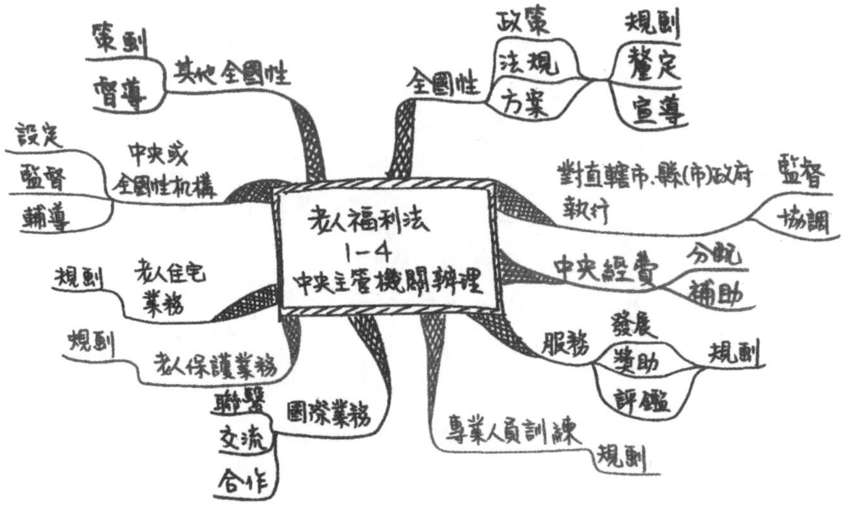

▲ 文字型心智圖：《老人福利法》第一章第四條

⊙第一條脈：全國性：台灣（曼陀羅思考法）。政策：公文上寫個政（心像法）。法規：頭髮長在圓規上（諧音法）。方案：正方型紙上有個按鈕（諧音法）。規劃：圓規畫出圓（諧音法）。釐定：梨子（諧音法）。宣導：發出聲音的擴音器（心像法）。

⊙第二條脈：對直轄市、縣（市）政府執行：蝦子（諧音法）、線（諧音法）、腳（曼陀羅思考法）。監督：監視器（諧音法）。協調：鞋子（諧音法）。

⊙第三條脈：中央經費：新台幣（曼陀羅思考法）。分配：把球分成兩堆（曼陀羅思考法）。補助：占卜（諧音法）。

▲ 插圖型心智圖：《老人福利法》第一章第四條
（結合心像法、諧音法、曼陀羅思考法轉圖像）

⊙第四條脈：服務：衣服（諧音法）。發展：麻將牌的發（諧音法）。獎助：獎章（諧音法）。評鑑：評分表（曼陀羅思考法）。

⊙第五條脈：專業人員訓練：講課（心像法）。

⊙第六條脈：國際業務：地球（曼陀羅思考法）、葉子（業務）。聯繫：電話（曼陀羅思考法）。交流：兩個人一來一往（心像法）。合作：握手（心像法）。

下圖是結合「圖像記憶術」，將同一條脈的所有資訊都連結成一個圖像，可以幫助更快達成記憶和背誦的目的。

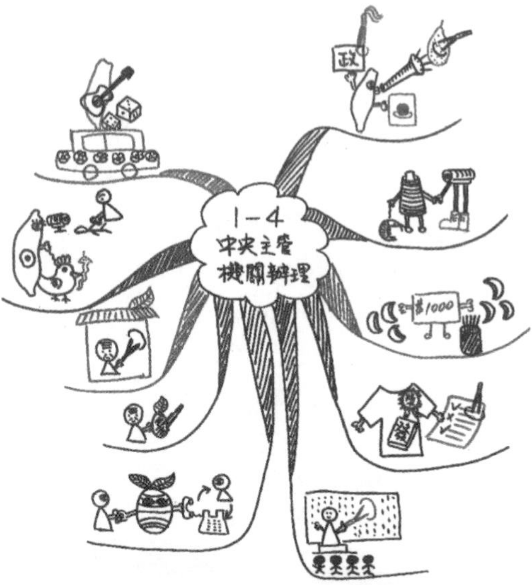

▲ 圖像記憶型心智圖：《老人福利法》第一章第四條
（結合圖像記憶法的連結技巧）

7 心智圖閱讀術實作練習

7-1 萊斯：世界上最有權力的女人——奴隸交易

閱讀以下文章後，請畫出三張文字型心智圖：一、奴隸交易的歷史。二、用黑奴來象徵財富的歷史。三、黑奴成為財富象徵的原因。⑨

練習文章

奴隸交易並非美國人發明，早在第一位白人踏上非洲的土地前，販賣黑人奴隸在非洲就已經是一種經濟和社會形式。阿拉伯的捕獵者們在撒哈拉大沙漠南部追捕「異教徒」，用黑人交換馬匹。一千四百六十年前左右，葡萄牙航海家已在西非海岸誘拐非洲黑人，並帶回到里斯本賣給婦人當奴隸。一些上流社會的女士甚至把非洲人當成充滿異國情調的情人。

隨著非洲的開發，大規模的「黑人大屠殺」開始了。白人征服者、礦井和農場主

---

⑨ 一般中小學生與部分大學生的考試，多數是測驗閱讀思考的第一層次跟第二層次，因此閱讀這篇文章後，比較可能需要畫出來的是如「奴隸交易的歷史」這樣的心智圖。而一般工作上閱讀企管書籍，都是理解與借用他人的經驗，來縮短自己摸索的時間，所以必須把閱讀目的放在第三層次與第四層次，才能直達事件的本質。這個時候，很可能只需要畫「黑奴成為財富象徵的原因」這張心智圖，就足以抓住這篇文章的本質了。

人對黑奴這種廉價勞動力貪得無厭。黑奴和商品一樣可以促進生意和盈利。擁有愈多的奴隸，那麼就愈有名望，奴隸就是財富的象徵。買一個奴隸只需要普通人工資的三分之一。他們可以被買賣、被典當，甚至可以被用來清償債務。奴隸的膚色和出身完全不重要。最主要的是，人們可以從他們身上榨取很多的勞動力和利潤。

最先被奴役的是印第安人。但是土生土長的印第安人並不能勝任農場那種強制性的勞動，並且對歐洲的瘟疫沒有抵抗力，幾十萬的印第安人死去了。因此西班牙傳教士、多明尼加傳教士拉凱薩斯（Bartolome Las Casas）要求禁止販賣印第安奴隸，使印地安人免於根除，這位印第安的傳教士建議「推廣黑人奴隸」，他們被視為是更強壯的種族。據當時西班牙會計員的記錄，他們買進了比印第安人還多兩倍的黑奴。

後來拉凱薩斯對他的建議十分後悔，不幸的是，已為時太晚：身為印第安人的代替品，人們開始追捕「黑色象牙」。幾百萬在這裡出生的人，對獵人來說只不過是「出口的貨物」：在奴隸交易存在的三個世紀中，至少有一千萬非洲人被運送到新世界慘絕人寰的環境中，六百五十萬被送到加勒比海地區和美洲中部，四百萬被送到巴西。比較一下：一四九二年到一八二〇年間，運送奴隸到新世界的非洲人是從歐洲移民新世界人口的五倍。其中有五十萬黑人來自北非。到奴隸制度廢除時，這個數目已經上升到四百萬左右。

絕大多數的非洲人在非洲西部沿海地區的格里島（Goree）被裝上運輸船隻。剛開始人們在沿海地區「招募」。當人口愈來愈少後，捕獵奴隸者才開始向非洲內陸推進。這是史上最大規模的人口遷移，其後果就是，非洲的貿易機構和文化遭到了史無前例的破壞，整個地區的人口幾乎滅絕。

但是「信仰基督教的」人口販子根本沒有任何憐憫之心。「我們賣的人，從頭到腳都是黑的。他們的鼻子是如此之扁平，我們根本不可能對他們產生一點同情。」歷史書籍這樣引用一個見證人的評論，「因為人們不能想像，智慧的上帝會將高尚的靈魂放進一個完全黑色的身體內……人們不能把這樣的人設想成是人類，否則他們就會有這樣的想法，我們不是基督徒。」

——《萊斯：世界上最有權力的女人》，28～30頁，埃里希．沙克著，晨星出版

練習提示

這篇文章算是描述在各個地區進行奴隸交易的歷史故事，分析步驟如下：

⊙第一步：用「人、事、時、地、物、因、果、成本」抓取關鍵字詞。

⊙第二步：以「地區」來當主脈，每個地區都有長時間的奴隸交易歷史，故再以「時間」為支脈，描述各時間點分別發生了哪些事件。

心智圖參考範例請見第9章179頁。

7-2 你對宇宙了解多少？——星星的亮度與顏色

閱讀以下文章並畫出二張心智圖，第一張是文字型心智圖，第二張是圖解型心智圖。

練習文章

大約在西元前二世紀的時候，希臘的喜帕恰斯依據肉眼可見星星的不同亮度，由亮至暗將星星劃分為一等星到六等星。英國十九世紀的普森（Norman RobertPogson），將最亮的一等星的亮度定義為比第六等星亮一百倍，並且將各等級星星之間的「比例」概念一定化、數學化；也就是說，各等級的星星之間的比例皆為二點五一倍。普森的這項定義也沿用至今。

若我們仔細觀察天上的星星，也會注意到每顆星顏色的差異吧？例如說，在獵戶座左上方的參宿四（Betelgeuse，又名獵戶座α星）呈現出來的是橙色，在右下方的參宿七（Rigel，又名獵戶座β星）呈現的是白色的亮光。這個讓星星呈現不同顏色差異的原因，是由於每顆星體表面溫度不同的緣故。低溫的星體因為會發出紅色或橙色的光芒，因此看起來比較偏紅；而高溫的星體，例如說會發出綠色、藍色，甚至是顯示出相對亮度強度較高的紫色光芒，因此我們看起來會是白色或是藍白色。

由於星星的光芒原本就是由很多色彩調合而成，若經由稜鏡折射，就會顯現出美麗如彩虹般的七彩顏色（光譜）。然而，這個光譜又是讓我們可以窺知星體訊息的寶庫，這是因為我們可以從仔細觀測星體顏色的濃淡和特徵，分析出包含各星體的溫度和壓力、構成元素等等的物理情報，以及從視角方向所看到星體的運動方式（徑向速度），以及地球和天體間的各種資訊（星際物質的資訊）等各式各樣的情報。

星星的光譜，從它的細部特徵來看可以分類為：

O—B—A—F—G—K—M—L—T

速度愈快的星體愈是高溫、也愈年輕，也就是這分類中的O型和B型，它們的表面溫度可以高達好幾萬度。另外，速度慢的星體表示愈低溫，例如說M型的星體表面溫度大概就只有三千度左右。最近我們才用紅外線觀測找到的L型和T型的表面溫度，大概是一千度到二千度左右。順帶一提，太陽是屬於G2型的，表面溫度是六千度，正好是中間溫度的星體。這些星體所放出的光芒，正可說是「天體的指紋」！

——《你對宇宙了解多少？》，34～35頁，福江純、粟野諭美著，晨星出版

練習提示

這篇文章包含天文史跟天文學，如果你對天文史沒有興趣，那就不用理會喜帕恰斯跟普森的部分。讀一本書千萬不要死死地讀下去，要根據自己的閱讀目的去讀某些章節就好，不要為了捨不得漏看任何一個字，而浪費時間去讀一堆不是你目前所需要的內容。只讀符合現在目的的篇幅，這樣才是有效率的閱讀方法。心智圖參考範例請見第9章180頁。

7-3 動手做自然：果實×種子創作DIY——小西氏石櫟

閱讀下列文章並畫出二張心智圖，第一張是文字型心智圖，第二張是圖解型心智圖。

練習文章

小西氏石櫟屬殼斗科常綠小喬木，幹皮灰褐色，縱向細縫裂。多分布台灣中南部海拔五百公尺左右的闊葉林內。花為白色，呈穗狀花序，雌雄同株（在同一棵樹上有雌花和雄花，且外觀和構造都不相同）。它們多半靠風力傳播，通常雄花會先開，等雄花和其它植株授粉凋謝後，雌花再開，目的主要是為了避免「自花授粉」，影響後代的品質。人類社會也是一樣的，在中國古代有「同姓不得結婚」的法律規定，以避免近親交配，產生不良的遺傳基因；而植物卻是天生就有這種防治機制，由此看來，植物似乎比人類聰明多了。

所謂殼斗科植物，主要的特徵是它們的果實都是由一個「殼」帽和一個「斗」身（堅果）所組成。而殼帽和堅果的外形以及殼帽包覆堅果的大小，就成為殼斗科植物辨識的主要依據。比如，小西氏石櫟的殼帽包覆堅果基部約三分之一處，外形就像戴著一頂帽子的稻草人，鬼櫟的外殼將整個堅果完全包覆住，外表看不到堅果。另一個辨識的重點就是殼帽的外表和形狀，殼帽是由總苞特化而成，每一種殼斗科植物的殼帽外表和紋路都不相同，有的表面呈同心圓紋路，有的表面呈覆瓦狀排列，有的表面有毛，有的表面有刺，而小西氏石櫟的表面像是三角型的鱗片，呈覆瓦狀排列。很多的人認為殼斗科的果實外表都很接近，容易混淆，其實只要仔細觀察，並掌握上述辨識技巧，就不會搞錯了。

——《動手做自然：果實×種子創作DIY》，151頁，鄭一帆著，晨星出版

練習提示

本篇要以科普類的角度來思考如何抓重點，心智圖參考範例請見第9章181～182頁。

7-4 道路交通管理處罰條例——第62條

閱讀下列文章後，請畫出一張文字型心智圖。

練習文章

汽車駕駛人駕駛汽車肇事，無人受傷或死亡而未依規定處置者，處新臺幣一千元以上三千元以下罰鍰；逃逸者，並吊扣其駕駛執照一個月至三個月。

前項之汽車尚能行駛，而不儘速將汽車位置標繪移置路邊，致妨礙交通者，處駕駛人新臺幣六百元以上一千八百元以下罰鍰。

汽車駕駛人駕駛汽車肇事致人受傷或死亡者，應即採取救護措施及依規定處置，並通知警察機關處理，不得任意移動肇事汽車及現場痕跡證據，違反者處新臺幣三千元以上九千元以下罰鍰。但肇事致人受傷案件當事人均同意時，應將肇事汽車標繪後，移置不妨礙交通之處所。

前項駕駛人肇事致人受傷而逃逸者，吊銷其駕駛執照；致人重傷或死亡而逃逸者，吊銷其駕駛執照，並不得再考領。

第一項及前項肇事逃逸案件，經通知汽車所有人到場說明，無故不到場說明，或不提供汽車駕駛人相關資料者，吊扣該汽車牌照一個月至三個月。

肇事車輛機件及車上痕跡證據尚須檢驗、鑑定或查證者，得予暫時扣留處理，其扣留期間不得超過三個月；未經扣留處理之車輛，其駕駛人或所有人不予或不能即時移置，致妨礙交通者，得逕行移置之。肇事車輛機件損壞，其行駛安全堪虞者，禁止其行駛。

——《道路交通管理處罰條例》第62條

練習提示

依照不同情況下的處理方式來進行分類，留意各情況的相同點與相異點。心智圖參考範例請見第9章183～184頁。

8

用心智圖閱讀

生活中的人、事、物

- 8-1　用心智圖製作單字集
- 8-2　拜訪客戶的心智圖會議記錄
- 8-3　用心智圖來凝聚共識、強化認同

8-1 用心智圖製作單字集

大家一定都有過這樣的經驗：背了一堆單字，結果因為太久沒用就忘光了。所以，我們最好是在自己的平日生活或是工作中去蒐集必背單字，並整理成單字集，再背下這些單字。數理公式、中文成語，也可以用這樣的概念來整理成心智圖。

英文跟中文一樣，只要是語言都是用來溝通的，而不是「背而不用」的。如果你不是要考語文測驗，而是要提升自己在生活中運用英文的能力，可千萬不要去背字典或是市售的單字書，因為可能會背了單字卻沒機會用，這是浪費學習時間的作法。

考托福、多益的必背單字與生活常用單字一定有所不同，另外，各行各業如電子產業與零售產業，兩個行業的必背單字也不盡相同。

我的作法是閱讀工作會用到的英文資料或英文書籍時，如果見到陌生的單字，先根據前後文猜猜看，猜不出答案的話就去查字典，然後在紙本字典上註明日期。但此時我還不會去背誦這個單字，因為說不定這個單字只會在我的生活中出現這麼一次而已。如果遇到查閱第三次的單字，就是我在工作上必定要學會的單字了，我會把它謄寫到自己的單字集中，整理時也可以順便把有興趣的相關單字一起寫下來。

強烈建議你用心智圖的方式來整理這本單字集，因為比較容易增減單字量。曾有學生用心智圖方法來整理日文單字跟文法，一週後告訴我：「這個方法很好用，因為畫完之後，我不用看內容，就可以回想起至少一半以上的單字量，而且記得比以前還久。」

只要根據自己的需求來訂定整理的分類方式就可以了，不要為了整理而整理，那樣反而會過度細分，就失去整理的原意了。⑩

如果家中有小學生，也可以這樣讓小孩練習看看。例如把有顏色概念（紅、藍、黃……）的中文成語、形容詞、名詞蒐集起來，分別畫成心智圖。

下一頁是從我的單字集裡摘錄出來的單字，先將「sea相關」的英文單字整理為三大類：第一張心智圖主題是「sea放在前頭」，第二張心智圖主題是「sea放在後頭」，第三張心智圖是「sea-（由sea組成的複合字）」。⑪

---

⑩ 整理家務跟整理單字的思考方向其實是一樣的喔！

⑪ 其他需求的分類方式，可見《超強心智圖活用術》，胡雅茹著，晨星出版。

sea 放在前頭

sea anemone	海葵
sea bass	黑鱸魚、鱸科海魚
sea bird	海鳥
sea cow	海牛
sea cucumber	海參
sea duck	海鷗
sea elephant	海象
sea eagle	白尾鷲
sea fan	石帆、海扇、扇珊瑚
sea gull	海鷗
sea horse	海馬
sea lion	海獅
sea mew	海鷗
sea otter	海獺
sea serpent	海蛇
sea shell	海貝殼
sea snake	海蛇
sea slug	海參
sea turtle	海龜
sea urchin	海膽
sea salt	海鹽
sea air	(有利於健康的)海濱空氣
sea bed	海床
sea captain	船長
sea dog	老練的水手
sea breeze	(白天吹向內陸的)海風
sea foam	海面泡沫
sea ice	海冰
sea lane	海上航道
sea level	海平面
sea wall	防波堤
sea born	生於海中的

sea 放在後頭

go to sea	當水手
at sea	在海上
on the sea	在海邊
put to sea	出航
beyond the seas	在海外
by sea	走海路
red sea	紅海
north sea	北海
high sea	公海

sea-

sea-born	出生於海中的
sea-front	臨海地區
sea-god	海神
sea-goddess	女海神
sea-lane	海上航線
sea-maid	美人魚
sea-maiden	美人魚
sea-fish	海魚
sea-ear	鮑魚
deep-sea	深海的
sea-green	海綠色的

——胡雅茹老師的個人單字集筆記本

以下圖為例，我把「sea 放在前頭」的單字再分成三類：生物、形容詞、名詞，一個類別就是一條主脈。**分類並沒有標準答案，依照自己的需求來將單字分類即可**，你也可以試試這樣分：人物（如：sea captain 船長）、動物（如：sea cow 海牛）、物體（如：sea wall 防波堤）。

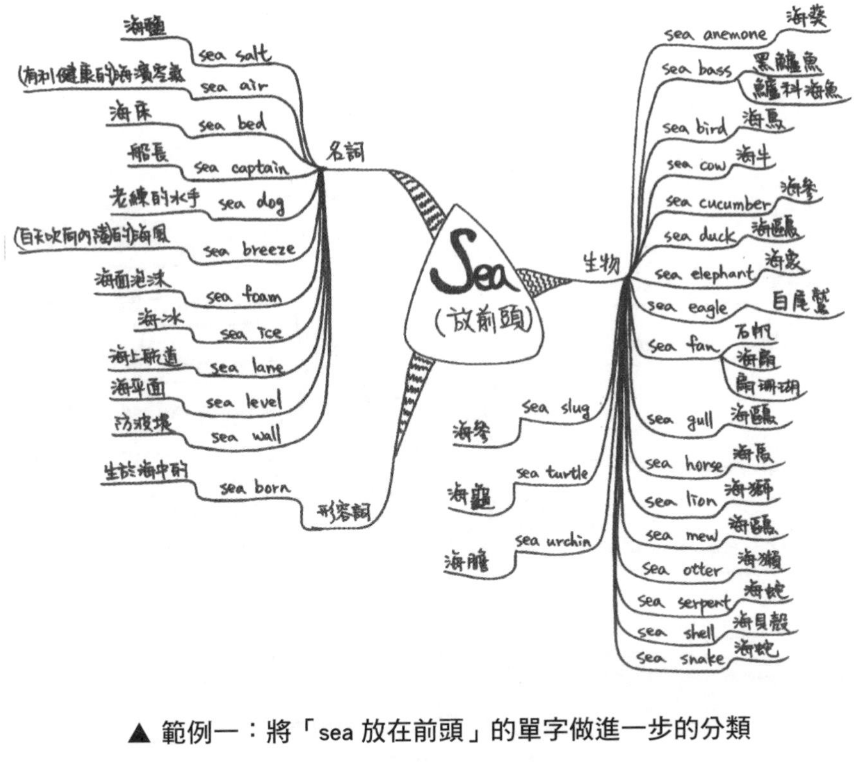

▲ 範例一：將「sea 放在前頭」的單字做進一步的分類

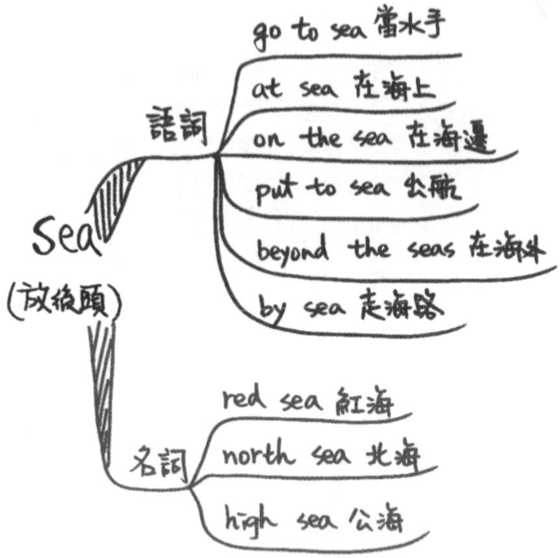

▲ 範例二：「sea 放在後頭」的單字

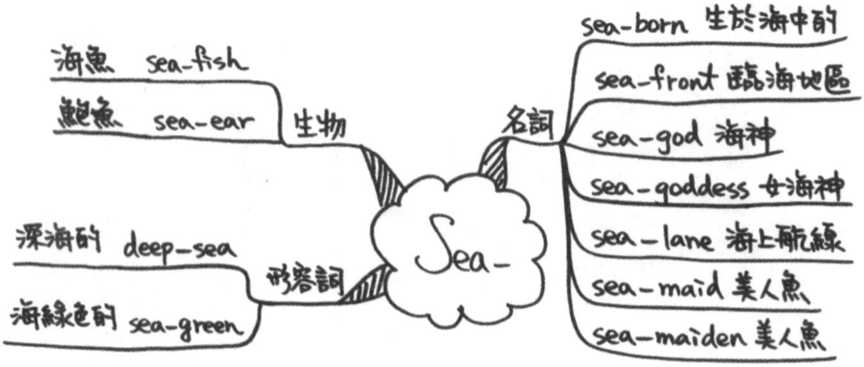

▲ 範例三：「sea-」的單字
（由 sea 組成的複合字）

8-2

拜訪客戶的心智圖會議記錄

閱讀就是輸入，用眼睛看、用耳朵聽都是輸入的形式。我常常運用心智圖來製作會議記錄，能提升當下的聆聽能力。

有次跟某位年約六十多歲的老闆餐敘，突然他有點生氣地告訴我說：「現在的大學老師到底怎麼教學生的啊？去拜訪客戶一小時回來，要他轉述跟客戶討論的內容，居然只告訴我一句話：『客戶說還要再考慮。』就沒了。」

拜訪客戶或公司舉行會議時，最好養成一個習慣，每次跟客戶談話，至少簡述記錄客戶的反應跟客戶的期望，並用心智圖方式來做客戶拜訪記錄。這樣不僅記錄起來簡單省時，同時也更容易回憶與客戶溝通的過程。

職場上的對答記錄方式，分為兩種：「依照時間順序描述」和「先講結論後講原因」，對主管或老闆的回答方式最好是用「先講結論後講原因」，但千萬不可以簡化到只講結論。

此外，還必須小心說話不能太跳躍。如果主管問：「你剛剛說的是什麼意思？」有極大的可能是因為你說話的脈絡跳太快了，主管聽得懂你的內容，但不能認同你下的結論。

1. 會議記錄時聆聽對方說話內容要具有的心態

心態一，不要預設立場，將客戶的說法忠實記錄下來。儘量不加入個人評價，也別自行判斷哪些重要或不重要。第一次拜訪客戶，雙方彼此都不太認識，儘量避免受到刻板印象和捷思（系統一）⓬的干擾，以免誤判客戶的心思。

心態二，如果來不及分類或是濃縮成關鍵字詞時，就趕緊先抄下整句話也沒有關係。這裡要再次強調，最完美的心智圖是只放關鍵字詞，而不放句子。但如果來不及一邊聽一邊濃縮關鍵字的話，還是趕快先把整句話抄下來，免得你漏聽了後面的內容。

心態三，剛開始用這個方法時，別太要求心智圖的簡單度與整齊度，雜亂是正常的，多多練習就好囉。

⓬ 詳細概念請參《快思慢想》，丹尼爾．康納曼著，天下文化出版。

2.記錄對方說話內容時的建議步驟

第一步，聆聽時，試著把關於「專有名詞」、「專有名詞的定義」、「人事時地物」、「原因與結果」這些方面的關鍵字詞記錄下來。

第二步，同步試著用線條把關鍵字詞彼此的邏輯關係表現出來。

第三步，試著快速在腦中歸納整理，把相同概念的關鍵字詞整理在一條脈絡上。一條主脈，就是一個段落。

第四步，拿著這張心智圖，氣定神閒地將上面的內容化為句子，向主管報告。

以下兩頁是六月三十日出差到AB股份有限公司C工廠的會議記錄和心智圖範例。原本方式的會議記錄，照著「時間順序」記錄了對象、目的、出差結果、附件。但對公司來說，出差的結果最為重要，所以畫成心智圖時，就將「新產品X」、「產品W」，及「結論」的重要性升級，分別獨立各成一條脈，這樣閱讀心智圖會議記錄時，就能更清楚出差面談時的重點為何。

川上弘課長：

工作辛苦了，我是椋木修三。

出差的報告如下所示，
麻煩您幫忙做確認。

1）出差日期　六月三十日
2）出差地點　AB股份有限公司　C 工廠
（地址：栃木縣山田市 1-1）
3）面談對象　技術本部　山田一郎課長
同上　大川花子社員
4）出差目的
・ 介紹新產品 X 以及聽取交貨後問題。
・ 商討交貨中的產品 W 下一期的購買數量。
5）出差結果
・ 新產品X
優點……… 比起產品W擁有更快的速度，與其他公司的產品相較之下耗費的電力也較低。

缺點……… 單價太高。
比起產品W高出了50%，因此不可能採購之。

結論……… 產品的評價很高，有信心獲得採用。
希望能夠將價格壓到比產品W高20%以下為佳。

・ 產品W　預測C工廠的產品於下次需求量會大幅增加。
因此推測產品W的訂購量會增加。

結論……… ○部門與△部門設計的製造圖需要儘快修改。
6）附加資料　C 工廠的內部資料於本郵件附加的PDF檔裡，請查收。
（公司內部機密，請勿公開。）

——《超省時！1 秒同時記憶術》，60 ～ 61 頁
椋木修三／著，晨星出版

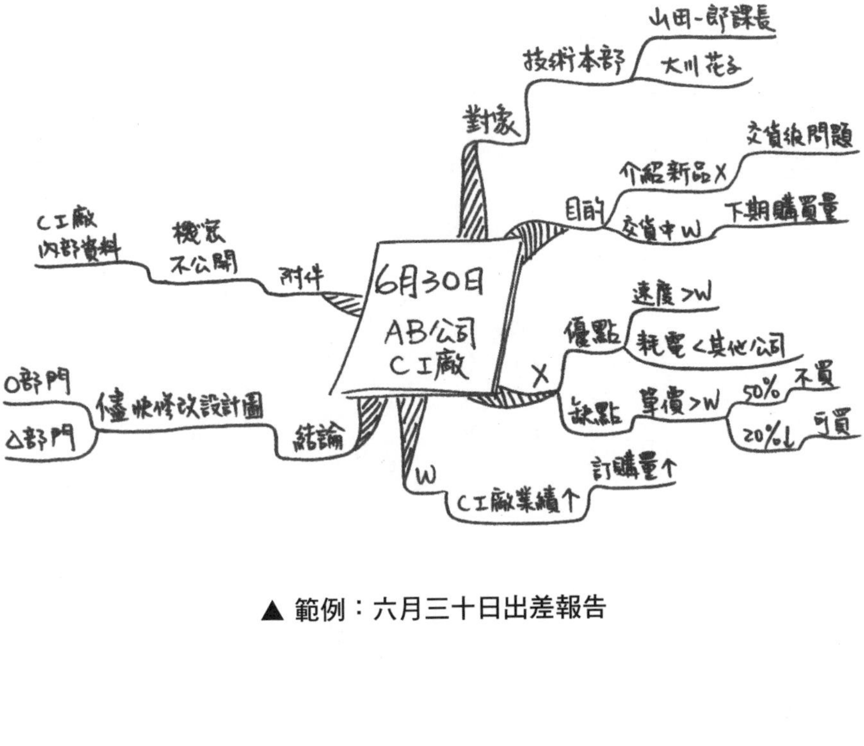

▲ 範例：六月三十日出差報告

8-3 用心智圖來凝聚共識、強化認同

某家顧問公司的訓練經理向我反應，業務員是一份不限學歷，只要肯努力就能賺到大錢的工作，但該公司的年輕業務員很多人都不知道自己該做什麼，問我有什麼方法可以啟發他們，或是可以給他們什麼啟發，讓這群人可以主動積極點、做事更有效率點。

初步聽來，該訓練經理的問題其實分為兩個層面：一、業務員的工作心態需要被調整；二、業務員需要可以提升工作效率的思考工具。我和這家公司接觸不深，對方也不太想讓我知道他們內部到底出了什麼問題，在不涉及對方公司內部狀況的前提下，我安排業務同仁們集思廣義，共同製作了主題為「業務員價值」的心智圖。

不斷進行思考的發散（舉一反三）與收斂，都能提升思考力，這部分跟自身的生活經驗、反思能力、語言能力有關。透過討論的方式，讓各種不同背景的人一起藉由不斷發散、收斂的方式，可以快速從他人身上吸取自身不足之處。共同製作心智圖還有一個好處，透過同步互動與視覺化的呈現，很容易進行協調、包容異己，產生良好的合作過程。

透過心智圖，主管可以快速凝聚同仁們的想法並取得共識。業務員更容易明白自己的

工作價值，面對挫折也將更容易恢復精神。

第一步，先求量不求質，不管有任何想法都寫下來，進行發散性思考（水平思考）。這個時候千萬不要分類，免得思考被侷限在某個範圍中。

第二步，請同一個業務組的同仁與主管一起討論，該如何分類。這個步驟可以讓主管與下屬彼此了解對方的想法，開始做收斂性思考（垂直思考）。

第三步，要求各組根據剛剛的分類，將第一層次的內容全部填入，同時可以增減與調整內容，再次進行發散性思考（增加）跟收斂性思考（減少）。

因為對方不願透露各業務主管所遇到的真實狀況，於是我將如何解決第三張心智圖所列出的需求與問題解決交由各個主管自行處理。

▲ 業務員的價值：第一步（第一層次）的思考

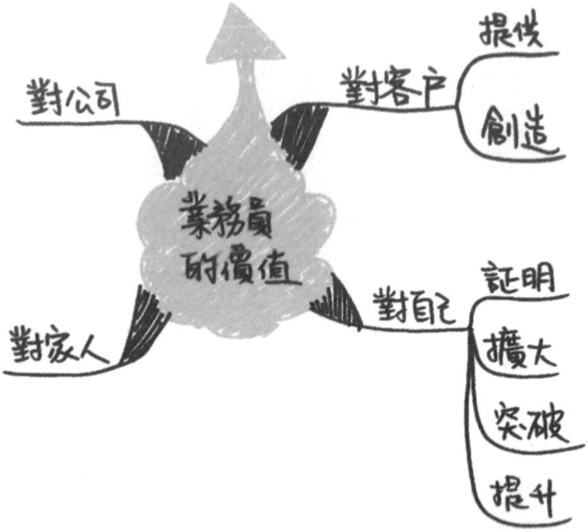

▲ 業務員的價值：第二步（第二層次）的思考

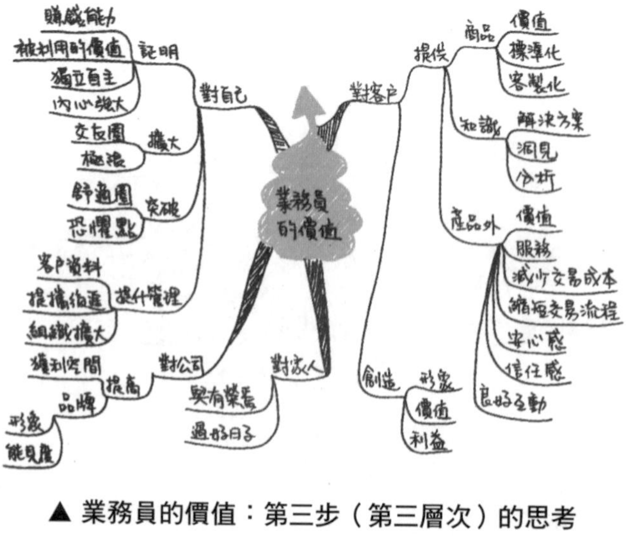

▲ 業務員的價值：第三步（第三層次）的思考

9

心智圖閱讀術的多方活用

9-1 心智圖參考範例

⊙ 4-2範例二的心智圖：狐狸與熊——施比受更有福（64～65頁）

寓言故事的寓意是最重要的，因此這篇文章如果畫成心智圖，我會把中心主題訂為「施比受有福」，然後依照故事主角的心情變化來決定主脈的順序：男人讚美上帝↓男人怒罵上帝↓上帝的回答。

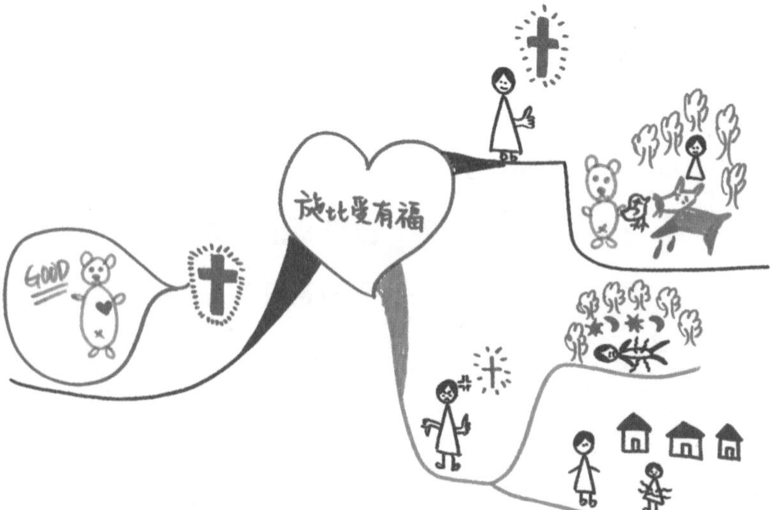

▲ 圖解型心智圖：施比受更有福
（結合心像法轉圖像、插圖）

⊙ 4-3 範例三的心智圖：我們對於一棵古松的三種態度（70～71頁）

針對這篇文章，別擔心省略太多原文會讓自己日後看不懂這張心智圖在講什麼，因為是自己動腦畫出來的，即使省略了某些地方，自己還是能看懂這些文字間的關係。

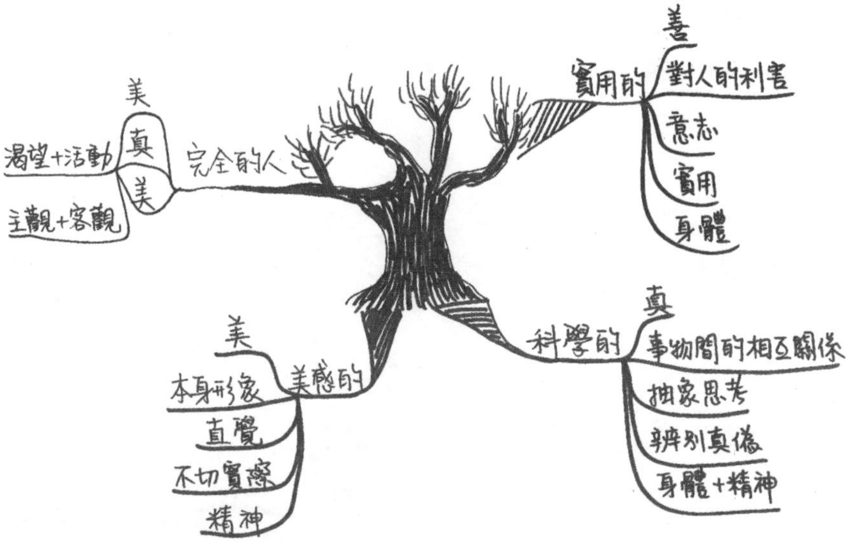

▲ 文字型心智圖：對於一棵古松的三種態度

⊙ 4-3 範例四的心智圖：生命之水（73～74頁）

如果遇到有些文字，真的想不到該用什麼圖像時，那就寫字吧，畢竟畫心智圖是為了要抓出關鍵字詞跟正確表達關鍵字詞之間的邏輯關係，繪出圖像雖可提升記憶效果，但並非畫心智圖的重點。否則就算圖像畫得再漂亮，關鍵字詞或邏輯是錯誤的，也沒有意義。還有一種情況是花費過多的時間在畫圖，只為了讓圖像看起來更漂亮，這也是本末倒置的作法。

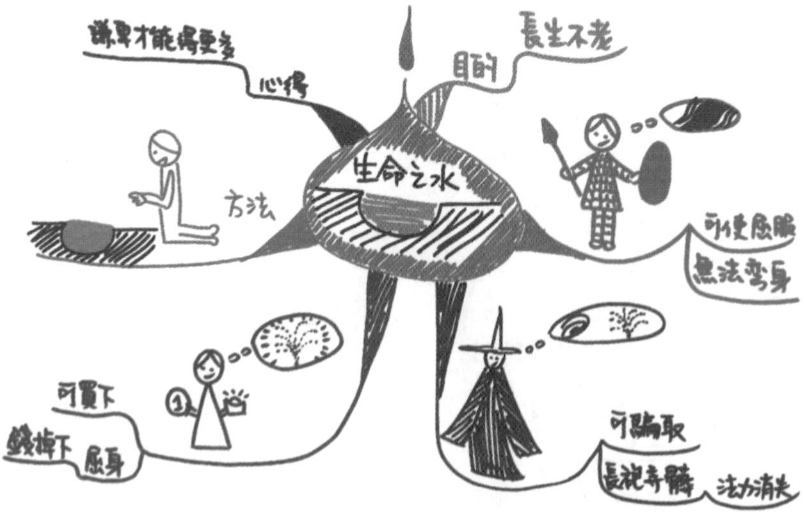

▲ **圖解型心智圖：生命之水**
（結合心像法轉圖像、插圖）

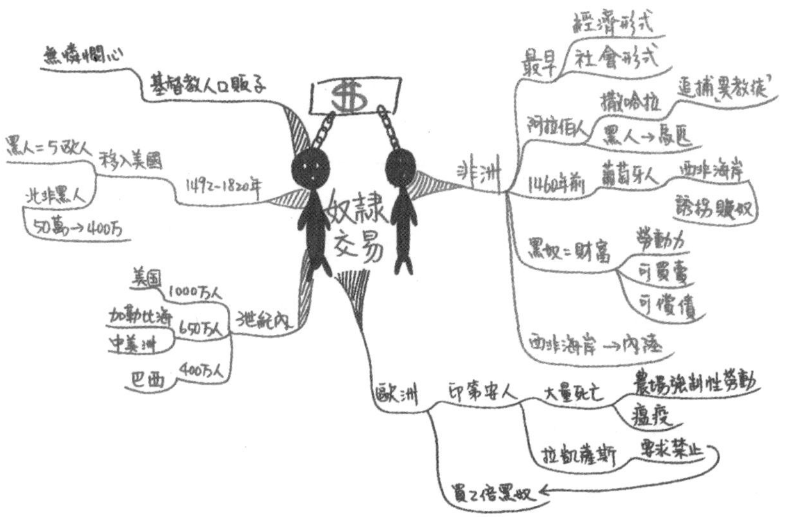

▲ 文字型心智圖：奴隸交易的歷史

▲ 文字型心智圖：
用黑奴來象徵財富的歷史

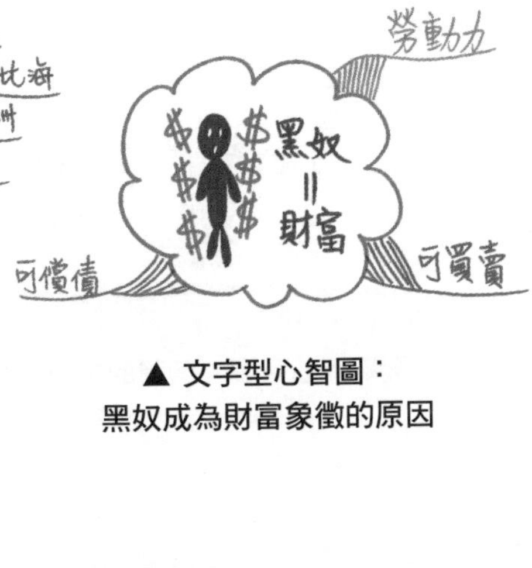

▲ 文字型心智圖：
黑奴成為財富象徵的原因

⊙ 7-2的心智圖範例：星星的亮度與顏色（155～156頁）

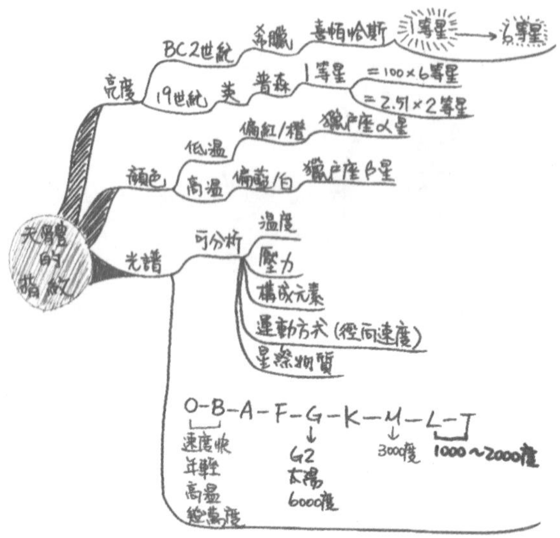

▲ 文字型心智圖：天體的指紋（星星的亮度與顏色）

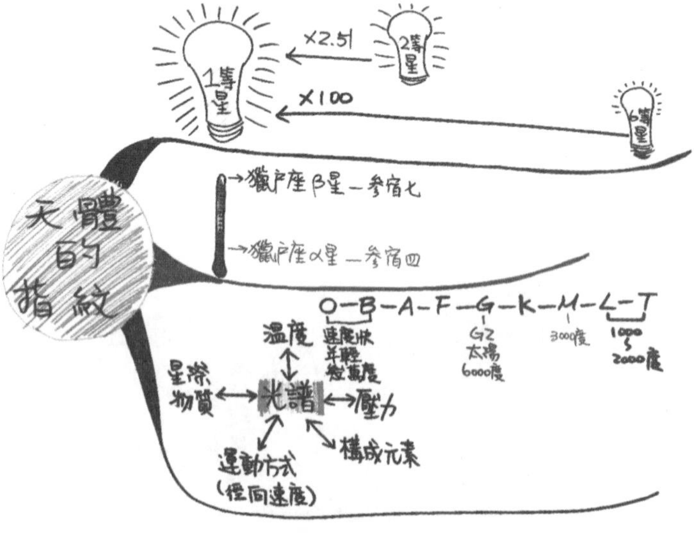

▲ 圖解型心智圖：天體的指紋（星星的亮度與顏色）

（結合心像法轉圖像、數線、箭線圖）

⊙7-3的心智圖範例：小西氏石櫟（157～158頁）

文字型心智圖較容易理解，這裡針對圖解型心智圖稍做說明。

⊙第三條脈：分布地。關鍵字詞是：台灣中南部、海拔五百公尺左右的闊葉林。↓將台灣中南部區域畫上斜線，在旁標示高度五百公尺，一片寬葉子代表闊葉林。

⊙第四條脈：外形。關鍵字詞是：白花、穗狀花序、雄花先開、雌雄同株。↓白花上有三雄蕊二雌蕊，代表雌雄同株，且雄花先開。這裡要不要把穗狀花序依照真實長相來畫，由個人自行決定。能畫出正確長相很好，畫不出來也沒關係，畢竟看著這樣的圖形就能

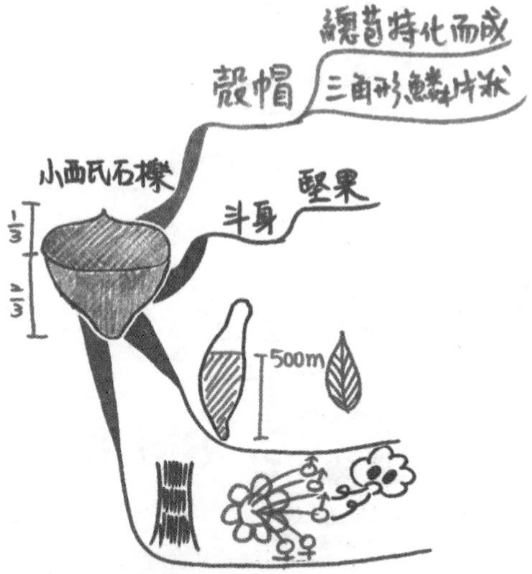

▲ 圖解型心智圖：小西氏石櫟介紹
（結合心像法轉圖像、插圖）

想起正確的意義，腦中也有正確的花序長相，只要頭腦理解得相當清楚，要怎麼畫都可以。記得！心智圖基本上是以使用目的性來決定怎麼製作，只要吻合你的使用目的，想怎麼做都可以。

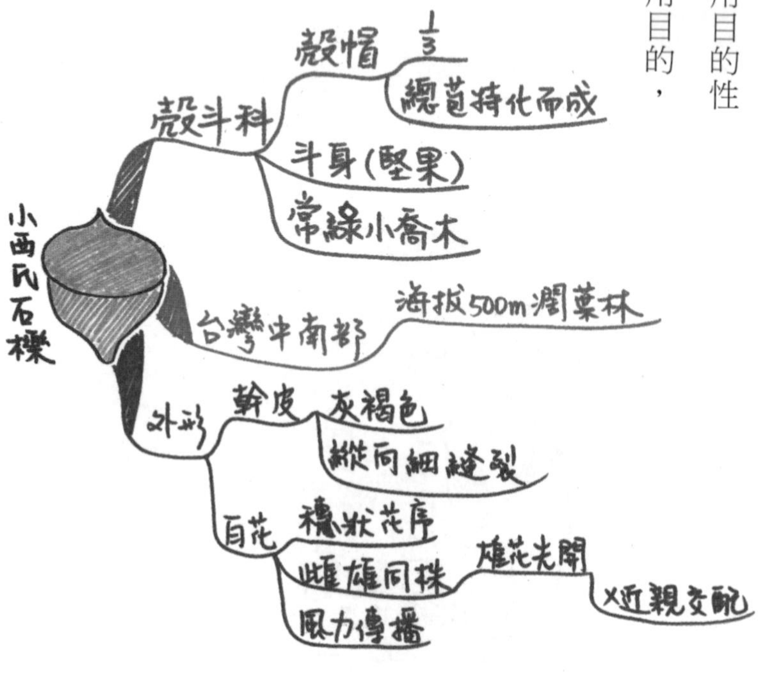

▲ 文字型心智圖：小西氏石櫟介紹

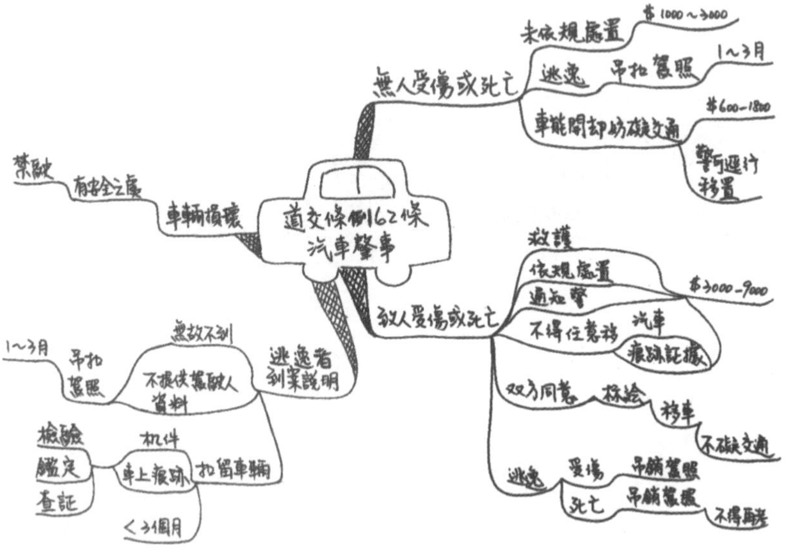

▲ 文字型心智圖：《道交條例》第 62 條—汽車肇事

除了文字型心智圖，再提供一個表格式圖解的範例給大家參考。用表格方式來呈現法條內容雖然可以幫助理解，但對於增加記憶效果的助益不大。如果是考選擇題，整理成表格的方式是可以的，但若是考申論題的話，還是用心智圖比較容易記住。

<table>
<tr><th colspan="2">無傷亡</th><th colspan="2">有傷亡</th></tr>
<tr><th>處理方式</th><th>未做到要罰款</th><th>處理方式</th><th>未做到要罰款</th></tr>
<tr><td>未依規定處置</td><td>1000 元～3000 元</td><td>救護
依規處置
通知警察
不得任意移動汽車
或痕跡證據</td><td>3000 元～9000 元</td></tr>
<tr><th colspan="4">雙方同意標繪＋車輛移置</th></tr>
<tr><td>逃逸</td><td>吊扣駕照
1～3 個月</td><td>逃逸</td><td>吊扣駕照，
不得再考</td></tr>
<tr><td>車能開卻妨礙交通</td><td>600 元～1800 元
警察可逕行移置</td><td>車能開卻妨礙交通</td><td>警察可逕行移置</td></tr>
<tr><td colspan="2">車輛受損有安全疑慮</td><td colspan="2">禁駛</td></tr>
<tr><th colspan="4">肇事逃逸的處理方法</th></tr>
<tr><td>吊扣牌照
1～3 個月</td><td colspan="3">無故不到案</td></tr>
<tr><td>吊扣牌照
1～3 個月</td><td colspan="3">不提供駕駛人資料</td></tr>
<tr><td>吊扣車輛＜3 個月</td><td colspan="3">檢驗、鑑定或查證肇事車輛機件及車上痕跡證據</td></tr>
</table>

▲ 表格式圖解：《道交條例》第 62 條—汽車肇事

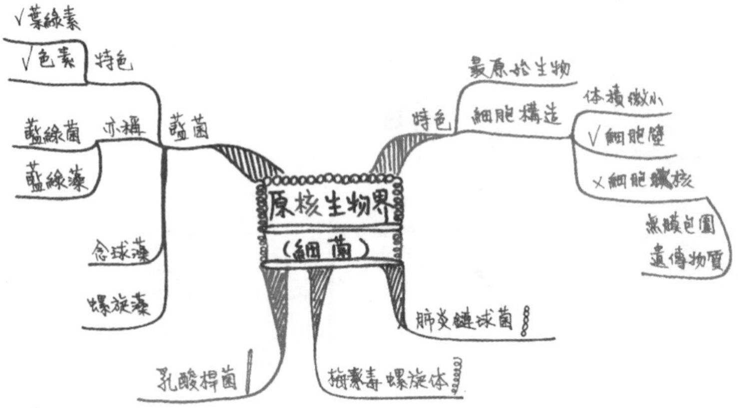
原核生物界
(細菌)
藍菌
特色
√葉綠素
√色素
亦稱
藍綠菌
藍綠藻
念球藻
螺旋藻
乳酸桿菌
梅毒螺旋体
肺炎鏈球菌
特色
最原始生物
細胞構造
体積微小
√細胞壁
×細胞核
無膜包圍
遺傳物質

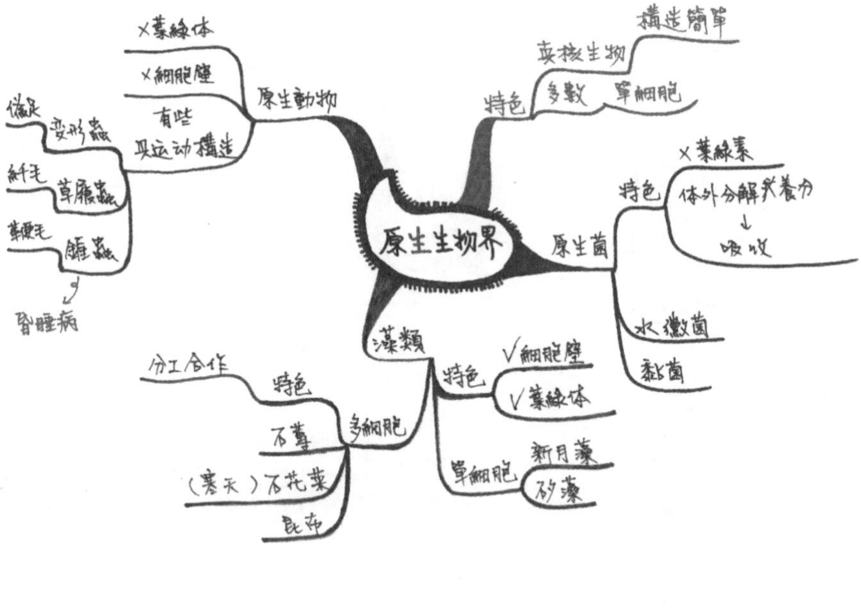
原生生物界
原生動物
×葉綠体
×細胞壁
有些
具运动構造
偽足
變形蟲
纖毛
草履蟲
鞭毛
錐蟲
昏睡病
特色
真核生物
構造簡單
多數
單細胞
原生菌
特色
×葉綠素
体外分解食養分
吸收
水黴菌
黏菌
藻類
特色
√細胞壁
√葉綠体
單細胞
新月藻
矽藻
多細胞
特色
分工合作
石蓴
(寒天)石花菜
昆布

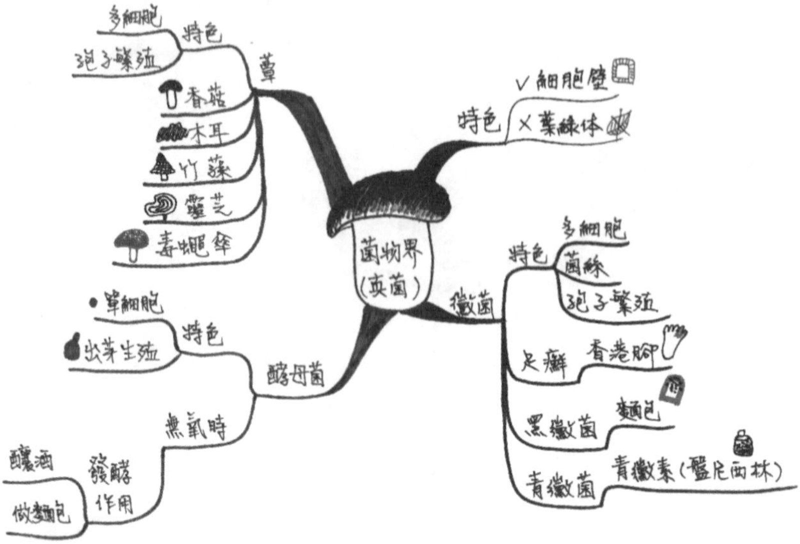
菌物界
(真菌)
蕈
特色
多細胞
孢子繁殖
香菇
木耳
竹蓀
靈芝
毒蠅傘
特色
✓細胞壁
✗葉綠体
黴菌
特色
多細胞
菌絲
孢子繁殖
足癬
香港腳
黑黴菌
麵包
青黴菌
青黴素(盤尼西林)
酵母菌
特色
單細胞
出芽生殖
無氧時
發酵
作用
釀酒
做麵包

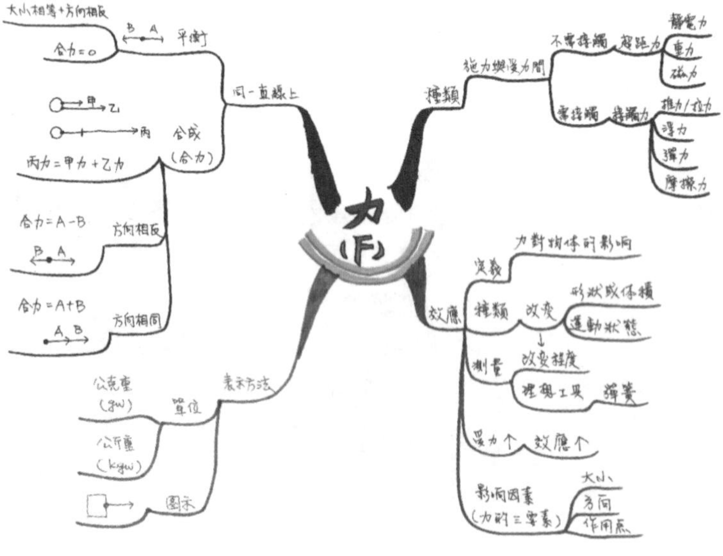
力
(F)
同一直線上
平衡
大小相等+方向相反
合力=0
合成
(合力)
丙力=甲力+乙力
方向相反
合力=A-B
方向相同
合力=A+B
表示方法
單位
公克重
(gw)
公斤重
(kgw)
圖示
種類
施力與受力間
不需接觸
超距力
靜電力
重力
磁力
需接觸
接觸力
推力/拉力
浮力
彈力
摩擦力
效應
定義
力對物体的影响
種類
改變
形狀或体積
運動狀態
測量
改變程度
裡想工具
彈簧
受力↑
效應↑
影响因素
(力的三要素)
大小
方向
作用点

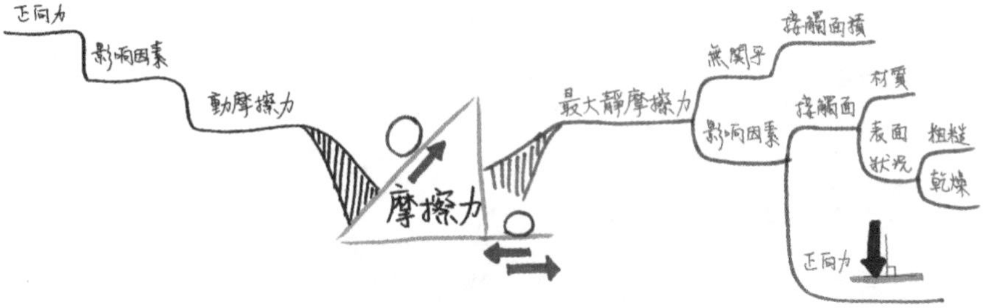
正向力
影响因素
動摩擦力
摩擦力
最大靜摩擦力
無關乎
接觸面積
影响因素
接觸面
材質
表面狀況
粗糙
乾燥
正向力

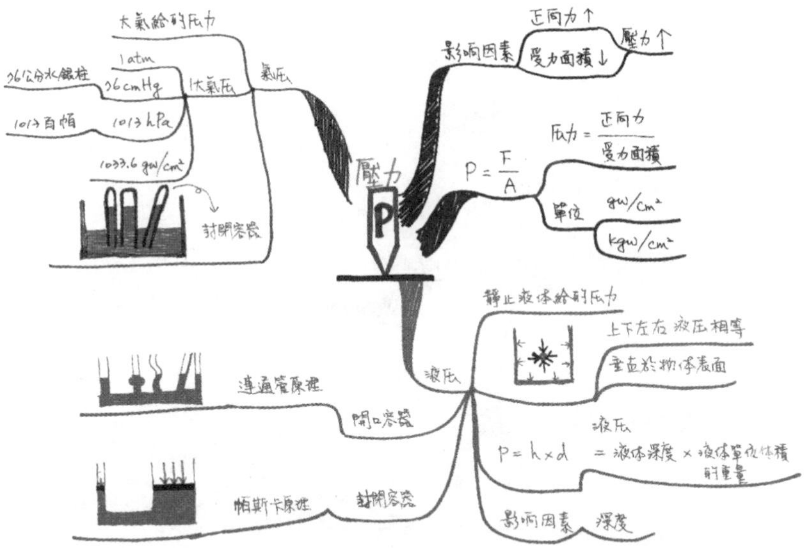
大氣給的壓力
氣壓
1atm
76公分水銀柱
76cmHg
1大氣壓
1013百帕
1013hPa
1033.6 gw/cm²
封閉容器
壓力
P
影响因素
正向力↑
受力面積↓
壓力↑
壓力 = 正向力 / 受力面積
P = F / A
單位
gw/cm²
kgw/cm²
靜止液体給的壓力
上下左右液壓相等
垂直於物体表面
液壓
P = h × d
液壓 = 液体深度 × 液体單位体積的重量
影响因素
深度
連通管原理
開口容器
帕斯卡原理
封閉容器

9-3 行銷管理書籍的心智圖閱讀筆記

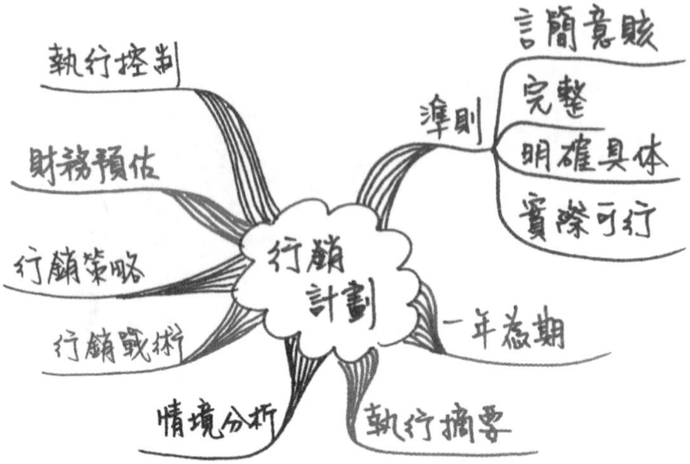

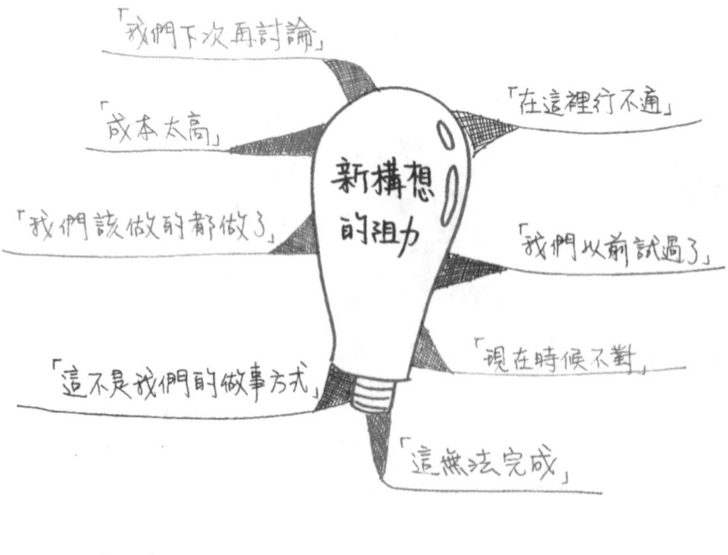

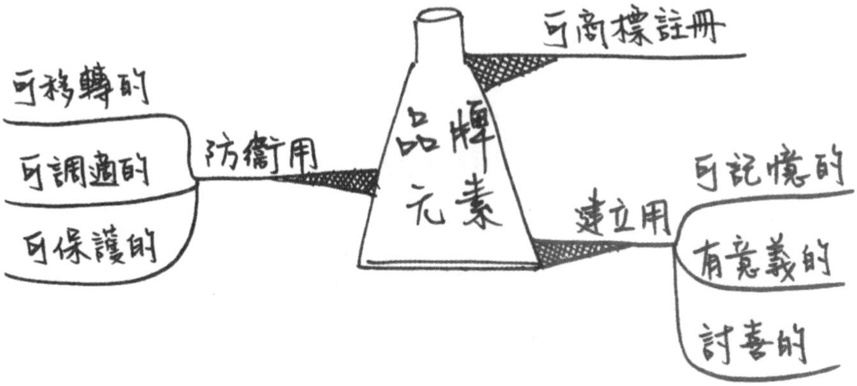
品牌元素
可商標註冊
建立用
可記憶的
有意義的
討喜的
防衛用
可移轉的
可調適的
可保護的

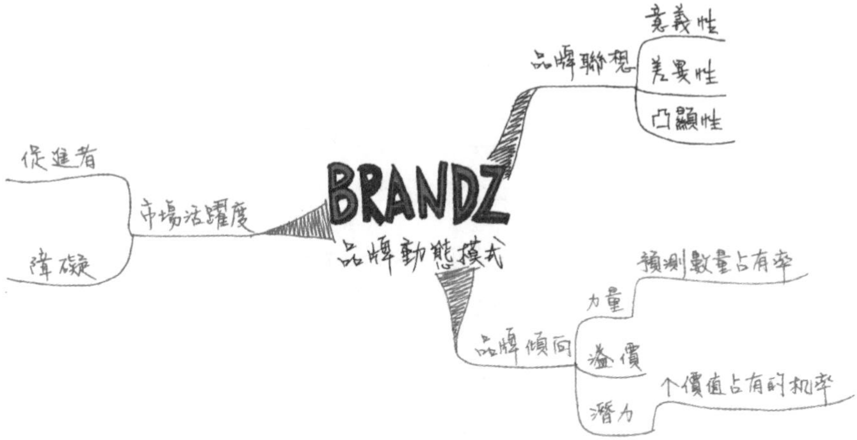
BRANDZ
品牌動態模式
品牌聯想
意義性
差異性
凸顯性
市場活躍度
促進者
障礙
品牌傾向
力量
預測數量占有率
溢價
潛力
價值占有的機率

加入晨星

即享『50元 購書優惠券』

回函範例

您的姓名： 晨小星

您購買的書是： 貓戰士

性別： ●男 ◎女 ◎其他

生日： 1990/1/25

E-Mail： ilovebooks@morning.com.tw

電話／手機： 09××-×××-×××

聯絡地址： 台中 市 西屯 區

工業區30路1號

您喜歡：●文學/小說 ●社科/史哲 ●設計/生活雜藝 ◎財經/商管

（可複選）●心理/勵志 ◎宗教/命理 ◎科普 ◎自然 ●寵物

心得分享： 我非常欣賞主角…

本書帶給我的…

“誠摯期待與您在下一本書相遇，讓我們一起在閱讀中尋找樂趣吧！”

國家圖書館出版品預行編目（CIP）資料

心智圖閱讀術【全新修訂版】／胡雅茹著. -- 二版. --
臺中市：晨星出版有限公司, 2022.04
面；　公分. -- (Guide Book ; 379)
ISBN　978-626-320-068-5（平裝）

1.CST: 讀書法 2.CST: 閱讀法

019.1　　110022656

Guide Book 379

心智圖閱讀術【全新修訂版】

作者	胡雅茹
編輯	余順琪
封面設計	高鍾琪
美術編輯	陳佩幸
創辦人	陳銘民
發行所	晨星出版有限公司 407台中市西屯區工業30路1號1樓 TEL：04-23595820　FAX：04-23550581 E-mail：service-taipei@morningstar.com.tw http://star.morningstar.com.tw 行政院新聞局局版台業字第2500號
法律顧問	陳思成律師
初版	西元2014年06月01日
二版	西元2022年04月15日
讀者服務專線	TEL：02-23672044／04-23595819#212
讀者傳真專線	FAX：02-23635741／04-23595493
讀者專用信箱	service@morningstar.com.tw
網路書店	http://www.morningstar.com.tw
郵政劃撥	15060393（知己圖書股份有限公司）
印刷	上好印刷股份有限公司

定價 320 元
（如書籍有缺頁或破損，請寄回更換）
ISBN： 978-626-320-068-5

本書改版自2014年6月出版的《心智圖閱讀術》，
由作者親自刪修文字、調整架構、增補手繪心智圖，
圖片、內文、標題皆重新整理，展現全新風貌。

Published by Morning Star Publishing Inc.
Printed in Taiwan